Joseph Roth

REISEN IN DIE UKRAINE
UND NACH RUSSLAND

Joseph Roth

REISEN IN DIE UKRAINE UND NACH RUSSLAND

Herausgegeben und mit einem Nachwort von Jan Bürger

C.H.BECK textura

Die Reihe textura wurde vom Verlag Langewiesche-Brandt (Ebenhausen bei München) begründet und wird seit dem Jahr 2010 vom Verlag C.H.Beck fortgeführt.

7. Auflage. 2023

www.chbeck.de
Umschlaggestaltung: Kunst oder Reklame, München
Umschlagabbildung: © Getty Images/iStockphoto
Satz: Fotosatz Amann, Memmingen
Druck und Bindung: Pustet, Regensburg
Gedruckt auf säurefreiem, alterungsbeständigem Papier
Printed in Germany
ISBN 978 3 406 80006 1

myclimate

klimaneutral produziert
www.chbeck.de/nachhaltig

I. NACHRICHTEN AUS DEM OSTEN

Ukrainomanie. Berlins neueste Mode.

Berlin, 13. Dezember.

Manchmal wird eine Nation modern. Griechen und Polen und Russen waren es eine Zeitlang. Nun sind es die Ukrainer.

Die Ukrainer, von denen man bei uns und im übrigen Westen nicht viel mehr weiß, als daß sie irgendwo zwischen Kaukasus und Karpathen wohnen, in einem Land, das Steppen und Sümpfe hat, daß die ukrainische Etappe, wegen der erhöhten Etappenzulage, eine verhältnismäßig angenehme war. Außerdem hat man die höchst unbestimmte Vorstellung von einem «ukrainischen Brotfrieden» dank dem politischen Dilettantismus eines österreichischen Kriegsdiplomaten. Im übrigen sind «Ukrainer» eines jener Völker, von denen man nicht bestimmt sagen kann, ob sie nur Menschenfresser oder gar auch Analphabeten sind. Ihrer Abstammung nach sicher «Russen und dergleichen», ihrem Glaubensbekenntnis nach urkatholische Heiden mit bartumwalltem Priestertum aus Gold, Myrrhen und Weihrauch.

Diese Operettenbegriffe von Land und Volk sind zu verführerisch. Die Polen sind schon zu verwestlicht, auch von den Griechen weiß man bereits Genaueres, seitdem Mitteleuropa erfahren hat, daß auch griechische Könige von Affen gebissen werden können wie Filmschauspielerinnen. Rußland ist durch die zahlreichen deutschen Auswanderer und Kriegsgefangenen bereits ein heimischer Begriff, für Varieté und Operette also nicht mehr zu brauchen. Bleibt die «Ukraine».

Ein armer, aus Lublin (im ehemaligen Kongreßpolen) eingewanderter Jude eröffnet sich im Osten Berlins einen Zigarrenladen, schreibt auf ein Schild ein paar cyrillische Buchstaben und nennt seinen Laden einen «original-ukrainischen». In Kaffeehäusern tanzen Mädchen den neuesten amerikanischen Jazz und nennen ihn «ukrainischen Nationaltanz». Am modernsten aber sind die «ukrainischen» Pantomimen und Ballette.

Berlin schwelgt in groteskem Operetten-Ukrainertum. Jede Melodie von irgendwelcher slawischen Klangfarbe ist «ukrainisch». Zu dieser Mode haben freilich die echten Ukrainer selbst den Anlaß gegeben, und zwar durch den ukrainischen Sängerchor, der hier, wie in mehreren europäischen Großstädten, einige Male mit riesengroßem Erfolg aufgetreten ist und der Konjunktur selbst einen «Tipp» gegeben hat, wie aus einem nationalen und politischen Begriff Geld zu machen wäre. Außerdem bewirken die Zustände im Osten Europas eine Auswanderung von Russen und Ukrainern und Polen nach dem Westen, wo sie alte «Ukrainer» sind, weil «ukrainisch» eben Mode geworden ist.

In den «ukrainischen» Balletten geht es demgemäß stark gemischt zu: ein bißchen tatarisch, ein bißchen russisch, ein wenig allerdings auch kosakisch. Schließlich ist es die Aufgabe der Varietéunternehmungen, denen diese Abhandlung gewidmet ist, zu unterhalten und nicht wissenschaftlich-ethnologische

Studien zu treiben. Aber man sollte Volkskunst nicht entstellen, schon gar nicht die Kunst eines augenblicklich wehrlosen Volkes, dem Bolschewisten und Polen die Heimat geraubt haben.

Im Eispalast, dessen Ballett vorzüglich geschult ist und in dem wirklich künstlerische Leistungen zustande kommen, werden «Die roten Schuhe», eine Ballettpantomime, getanzt. Es soll eine ukrainische Legende sein. Die Kulissenkirche im Hintergrund ist nicht ukrainisch (also griechisch-katholisch)[,] sondern russisch, also orthodox. Die Heldin des Balletts trägt den russischen Kopfschmuck – Ukrainerinnen tragen nur Blumen im Haar, weiße Blusen mit blauroten Ornamenten an den Ärmeln und Rändern, niemals seidene, goldbetreßte Jacken. Tscherkessen haben nie in der Ukraine gelebt, sondern im Kaukasus. Die ukrainischen Bäuerinnen tragen kurze Stiefel, niemals weiße Tanzschuhe. Die Tänze sind mit Ausnahme eines sogenannten «Hoppaks» und einer «Kolomejka» russisch.

Die Geschichte des ukrainischen Kosakenhelden und Aufrührers Mazeppa, der, wie aus der Geschichte bekannt ist, vom polnischen König nackt auf den Rücken eines Pferdes gebunden und so ein paar Tage durch die ukrainische Steppe geschleppt wird, kann man in Sar[r]asanis Zirkus sehen. Auch hier spielen russische Motive in ukrainische Nationalhistorie hinein. Ukrainische Geistliche sind griechisch-katholisch und tragen keine Popenbärte.

Das ukrainische Ballett Glazeroffs ist ukrainisch, tut aber noch ukrainischer und tanzt – mit Messern, wie Indianer tanzen. Es sind ganz famose Tänzer aus Kiew, die sich verpflichtet fühlen, den «wilden Mann» zu spielen vor einem westlichen Publikum, dem eine Kolomejka zu zahm ist für das hohe Entree.

Ukrainer haben in ihrem Leben nicht mit Messern im Munde getanzt.

Die ukrainische Volkskunst ist eine ganz eigene, mit stark ausgeprägten nationalen Kennzeichen, und hat weder mit der russischen noch mit der polnischen oder tatarischen etwas gemein. Interessant aber ist das Phänomen als solches: daß eine Nation, sobald sie ihre staatliche Selbständigkeit verliert, in den Operetten und Varietés zu herrschen beginnt.

Berlin, das Barometer westlicher Operettenmode, zeigt andauernd auf «Ukrainertum».

R-th.

Neue Berliner Zeitung – 12 Uhr Blatt, 13. Dezember 1920

Die ukrainische Minderheit.

Lieber Freund,
während ich mich anschicke, Ihnen über das Volk der Ukrainer zu schreiben, habe ich den Klang seiner Lieder im Ohr und vor meinem Auge das Angesicht seiner Dörfer. Meine ständige Bemühung, Ihnen lieber eine statistische Tatsache als einen lyrischen Eindruck zu vermitteln und bei der Schilderung einer Stadt etwa über der Beschreibung ihrer Atmosphäre die Zahl ihrer Einwohner nicht zu vergessen, störte in diesem Fall der besondere Charakter einer Nation, die niemals dazu kommt, ihre eigenen Statistiken selbst anzulegen, sondern das Unglück hat, von Völkern, von denen sie regiert wird, gezählt, eingeteilt und überhaupt «behandelt» zu werden. In diesem Europa, in dem die möglichst große Selbständigkeit der Nationen das oberste Prinzip der Friedensschlüsse, Gebietsteilungen und Staatengründungen war, hätte es den europäischen und amerikanischen Kennern der Geographie nicht passieren dürfen, daß ein großes Volk von 30 Millionen in mehrere nationale Minderheiten zerschlagen, in verschiedenen Staaten weiterlebe. Zwingt man sich (wider sein besseres Wissen) zu jener naiven Anschauung, daß die Nationen in Europa in säuberlich voneinander getrennten Gebieten leben, wie auf Schachbrettern, so ist nicht einzusehen, weshalb man ein großes Volk einfach vergaß und weshalb man das Gebiet, auf dem es lebt, nicht zusammenzuschließen versuchte, sondern neuerlich aufteilte. Die Ukrainer,

die in Rußland, in Polen, in der Tschechoslowakei, in Rumänien vorhanden sind, verdienten gewiß einen eigenen Staat, wie jedes ihrer Wirtsvölker. Aber sie kommen in den Lehrbüchern, aus denen die Weltaufteiler ihre Kenntnisse beziehen, weniger ausführlich vor als in der Natur – und das ist ihr Verhängnis.

Wie Sie wissen, gehört heute das größte geschlossene ukrainische Gebiet zum Verband der Sowjetstaaten. Ihre weitesten nationalen Freiheiten und Rechte haben die Ukrainer in Sowjet-Rußland, weil dort die nationale Autonomie der Minderheiten ein heiliges Prestige-Gebot ist. In der polnischen Republik dagegen sind von allen nationalen Minderheiten – Weißrussen, Juden, Deutschen – die Ukrainer neben den Litauern die unzufriedensten. Der plötzlich nach einer jäh unterbrochenen Entwicklung wiedererstandene polnische Staat versuchte automatisch (und jedenfalls mehr aus einer Reaktion gegen das eben überwundene Unglück als aus einer natürlichen Veranlagung, die man ihm vorwirft), sich als einen Nationalstaat zu betrachten und danach seine Minderheiten zu behandeln. Er, der erst vor zehn Jahren entstanden war, muß langsam die Entwicklung nachholen, die andere Staaten in den letzten 50 Jahren gemacht haben.

Die Ukrainer begrüßten ihn nicht freundlich. Ihre vollendete Niederlage in Ostgalizien, das Unverständnis, dem ihre Vertreter bei den Siegerstaaten begegneten, bestimmten ihr feindseliges, zumindest mißtrauisches Verhalten gegen den polnischen Staat seit dem ersten Tag seiner Entstehung. Es hat sich bis heute nicht geändert. Das Verhältnis zwischen Ukrainern und Polen wird heute gestört: durch eine aktive Propaganda der Sowjets und noch mehr durch eine Art passiver Vorbildlichkeit. Denn selbst der dümmste ukrainische Bauer bedarf nicht erst eines sowjetrussischen Agitators, um jenseits der nahen Grenze die vollkommene und beinahe übertriebene nationale Autonomie zu sehen, deren sich die Sowjet-Ukrainer bedienen dürfen. Schließlich kommt noch ein soziales Moment hinzu: die große Masse der ukrainischen Landbevölkerung bilden kleine und arme Bauern, die von polnischen Grundbesitzern abhängig sind. Vielleicht würde den kleinen Bauer, der nicht lesen und schreiben kann, die Frage der ukrainischen Universität gar nicht bekümmern, wenn er nicht wüßte, daß Schulen und Universität ihm von jener Seite verweigert werden, die er die «herrschaftliche» nennt. Nur durch die materielle Abhängigkeit der Bauern von den polnischen Besitzern kam es zu dieser überraschenden Popularisierung der nationalukrainischen Idee, deren Träger und Verbreiter noch vor ein paar Jahrzehnten eine geringe Schicht Intellektueller gewesen war.

Eigentlich gehörte sie einer anderen Welt an als die geführten Bauernmassen – und wenn nicht einer anderen Welt, so doch einer anderen Interessensphäre. Ein Teil der Intellektuellen erlag der zaristischen allrussischen Propaganda gegen Österreich, nannte sich «russophil» und vermochte eine große Anzahl der Bauern für Rußland zu gewinnen. Diese «Russophilen» sind heute im Aussterben begriffen. Denn immer – und heute wie vor dem Krieg – werden die Tendenzen und Strömungen in den außerrussischen Teilen der ukrainischen Nation von Rußland bestimmt. Als der Zar noch regierte und keine Ukrainer, sondern nur «Klein-Russen» kennen wollte, neigten Teile der österreichischen Ukrainer zum Zarentum, zum orthodoxen Glauben und zum Russentum. Heute, da die Sowjets regieren und die ukrainische Nation anerkennen, neigen Teile der polnischen Ukrainer zum Kommunismus.

Darüber täuscht die politische Parteiengruppierung der Ukrainer in Polen auch nicht hinweg. Charakteristischer als die große bürgerliche Partei der nationalen Ukrainer, die «Undo» und als die noch bedeutendere Partei der «ukrainischen Radikalsozialisten» scheinen mir die Vorgänge zu sein, die ich selbst beobachten durfte und ich Ihnen zusammenfassend etwa so formulieren würde: Ein großer Teil der ukrainischen intellektuellen Jugend sympathisiert mit Sowjetrußland und dem Kommunismus. Aus ihren Reihen rekrutieren sich die fleißigsten Agitatoren, die bei den armen Bauern williges Gehör finden. Allmählich und ständig wächst die Zahl der sowjetfreundlichen ukrainischen Bauern, die nur von einer sozialen Revolution eine nationale Befreiung erhoffen und denen beides gleich erstrebenswert erscheint. Die vielen Hochverratsprozesse, die der polnische Staat gegen Ukrainer inszeniert, können nur noch die bürgerlichen Teile der ukrainischen Nation ebenfalls für Sowjetrußland gewinnen.

Ich hoffe, lieber Freund, daß Sie mir bis hierher gefolgt sind, ohne ungeduldig geworden zu sein. Die Gewissenlosigkeit, die ich haben müßte, um Ihnen in einigen Zügen den sogenannten «Nationalcharakter» der Ukrainer zu schildern, besitze ich nicht. Nur der Vollständigkeit halber – und ohne seine Meinung zu teilen – übermittle ich Ihnen hier, was mir ein polnischer Freund über die Ukrainer gesagt hat. Er nannte sie: dickköpfig, harthörig und grob. Von ihren intellektuellen Führern und Politikern behauptete er, sie hätten die «falsche Eleganz von Provinzphotographen» und «die unelastische Charakterstärke halbgebildeter Fanatiker». Ähnliche Urteile hörte ich oft, wenn auch nicht so scharf und höhnisch formulierte.

Was ich selbst von den Ukrainern weiß? Nicht sehr viel: Ich erinnere mich an einen griechisch-katholischen Feiertag im Sommer. Auf dem Hügel über dem Dorf leuchtete die weiße Kirche, von einem grünen Friedhof umgeben. Auf ihrer Kuppel aus grauem Blech glänzte ein goldenes Kreuz. Man konnte, wenn man die Hand über die Augen hielt, die große Glocke in der Mitte des Glockenstuhls schwingen sehn und links und rechts von ihr die zwei kleinen. Auf den tiefen, dichten und dikken Strohdächern der niedrigen Hütten lag die Sonne wie in mehreren Schichten, ein Haufen aufgebetteter Sonne. Stand man vor dem Eingang zur Kirche, so sah man rings im flachen Land die vielen geraden und gewundenen Straßen und in der Ferne ein zweites Dorf und dann noch ein drittes. Aus allen Dörfern – in denen es keine Kirche gab – strömten die Menschen herbei. Die Bäuerinnen trugen grüne, rote und weiße Schürzen über weißen Kleidern und die Bauern große gelbe Strohhüte, weiße Hemden und schwarze Stiefel mit kurzen Schäften. Die Bäuerinnen trugen hohe Schnürstiefel an den Senkeln zusammengebunden über der Schulter und gingen barfuß. Die ganze Welt war voller Licht, der blaue Himmel ging in einer ganz weiten Ferne in einen schmalen silbernen Streifen über, mit dem er rings um die Erde geschmiedet zu sein schien. Alles war klar, es gab kein Geheimnis in der Welt, keine zweideutige Farbe, keine Ahnung. Sogar die Bettler vor der Kirche steckten in scharf konturierten Lumpen aus einem selbstverständlichen Braun, und die Krüppel, denen Beine und Arme fehlten, waren nicht wie Verstümmelte, sondern in ihrer Mangelhaftigkeit Vollkommene.

Ich behalte dieses Bild in der Erinnerung, wie unter einer gläsernen Decke, und glaube, daß es charakteristisch ist für das simple ukrainische Land. Wäre ich jetzt bei Ihnen, ich versuchte, Ihnen ein ukrainisches Lied vorzusingen. Diese Lieder sind die schönsten, die ich im Osten Europas gehört habe. Sie sind so einfache Äußerungen der Natur und des täglichen Lebens wie Gras auf einer Wiese und ein junges Mädchen, das eine Sichel trägt. Ebenso einfach wie die zackigen bunten Muster an den Kragen und Manschetten der Hemdblusen, die das Volk trägt und in denen ein tiefes, fast bräunliches Rot mit einem ganz dunklen Gewitterwolken-Blau abwechselt.

Einen ukrainischen Bauer behalte ich im Gedächtnis, der noch nie eine Eisenbahn gesehn hatte und der mir einmal sagte: «Zu Fuß komme ich später an als Sie mit der Eisenbahn, aber ich will ja auch gar nicht dorthin, wo Sie ankommen wollen.» Er hatte ein winziges Gesicht aus braunem Leder. Seine Augen verbarg er, wenn er sprach, unter den Lidern, als wäre es ihm zu verschwenderisch erschienen, zu sprechen und auch noch zu schauen.

Erklären Sie sich, lieber Freund, aus diesen Brocken den «Charakter des Volkes», wenn Sie Lust haben. Es ist von der Zivilisation weiter entfernt als seit der Revolution das russische und als (seit jeher) das polnische. Es ist unwissend, arm, zerschnitten und schön.

Ich werde Ihnen bei einer anderen Gelegenheit von seiner Literatur berichten.

Ihr ergebener

Joseph Roth.

Sechste Folge der achtteiligen Serie «Briefe aus Polen», Frankfurter Zeitung, 12. August 1928

Lemberg, die Stadt.

Es ist eine große Vermessenheit, Städte beschreiben zu wollen. Städte haben viele Gesichter, viele Launen, tausend Richtungen, bunte Ziele, düstere Geheimnisse, heitere Geheimnisse. Städte verbergen viel und offenbaren viel, jede ist eine Einheit, jede eine Vielheit, jede hat mehr Zeit, als ein Berichterstatter, als ein Mensch, als eine Gruppe, als eine Nation. Die Städte überleben Völker, denen sie ihre Existenz verdanken und Sprachen, in denen ihre Baumeister sich verständigt haben. Geburt, Leben und Tod einer Stadt hängen von vielen Gesetzen ab, die man in kein Schema bringen kann, die keine Regel zulassen. Es sind Ausnahmsgesetze.

Ich könnte Häuser beschreiben, Straßenzüge, Plätze, Kirchen, Fassaden, Portale, Parkanlagen, Familien, Baustile, Einwohnergruppen, Behörden und Denkmäler. Das ergäbe ebensowenig das Wesen einer Stadt, wie die Angabe einer bestimmten Anzahl von Celsiusgraden die Temperatur eines Landstriches vorstellbar macht. (In Berlin friert man schon bei plus 15 Grad Celsius.) Man müßte die Fähigkeit haben, die Farbe, den Duft, die Dichtigkeit, die Freundlichkeit der Luft mit Worten auszudrücken; das, was man aus Mangel einer treffenden Bezeichnung mit dem wissenschaftlichen Begriff: «Atmosphäre» ausdrücken muß. Es gibt Städte, in denen es nach Sauerkraut riecht. Dagegen hilft kein Barock. Ich kam an einem Sonntagabend in eine kleine ostgalizische Stadt. Sie hatte eine Hauptstraße mit ganz gleichgültigen Häusern. Jüdische Händler wohnen in dieser Stadt, ruthenische Handwerker und polnische Beamte. Der Bürgersteig ist holprig, der Fahrdamm wie die Nachbildung einer Gebirgskette. Die Kanalisation ist mangelhaft. In den kleinen Seitengassen trocknet Wäsche, rotgestreift und blaukariert. Hier müßte es doch nach Zwiebeln duften, verstaubter Häuslichkeit und altem Moder?

Nein! In der Hauptstraße dieser Stadt entwickelte sich der obligate Korso. Die Kleidung der Männer vor von einer selbstverständlichen, sachlichen Eleganz. Die jungen Mädchen schwärmten aus wie Schwalben, mit hurtiger, zielsicherer Anmut. Ein heiterer Bettler bat mit vornehmem Bedauern um ein Almosen – und es tat ihm leid, daß er gezwungen war, mich zu belästigen. Man hörte russisch, polnisch, rumänisch, deutsch und jiddisch. Es war wie eine kleine Filiale der großen Welt. Dennoch gibt es in dieser Stadt kein Museum, kein Theater, keine Zeitung. Aber dafür eine jener «Talmud-Thora-Schulen», aus denen europäische Gelehrte, Schriftsteller, Religionsphilosophen hervorgehen; und Mystiker, Rabbiner, Warenhausbesitzer.

In dieser Stadt lernte ich zufällig einen Gymnasiallehrer kennen. Er sagte: «Sie sind aus Deutschland? Erklären Sie mir, was aus der Entdeckung des Professors geworden ist, der Gold aus Quecksilber gewinnt. Was bleibt dann noch? Was ist außerdem im Quecksilber enthalten? Ich muß fortwährend darüber nachdenken. Sie müssen wissen, daß ich sehr viel Zeit habe. Wenn ich so viel Geld hätte, ich würde nach Deutschland fahren und mich informieren. Es läßt mir keine Ruhe!» So sprach der Mann. Er wird wieder zwei Jahre warten, bis jemand aus Deutschland kommt.

Solche Menschen gedeihen in kleinen ostgalizischen Städten. In den größeren würden sie wahrscheinlich auch gedeihen. Aber es gibt keine größeren. In Ostgalizien gibt es nur eine: die Stadt Lemberg.

In diese Stadt bin ich zweimal gewissermaßen als ein Sieger eingezogen, und das war nicht ganz ungefährlich. Lange Zeit war sie eine «Etappe», Sitz eines österreichischen Armeekommandos, einer deutschen Feldzeitung, vieler Militärämter, einer k. u. k. Personalsammelstelle, einer «Offiziersmenage». Es gab eine Militärpolizei, eine «Kundschafter- und Nachrichtenstelle», ein österreichisches und ein deutsches Bahnhofskommando, Krankenhäuser, Epidemien und Kriegsberichterstatter. Hier hauste der Krieg, hier hausten seine Begleiterscheinungen, die schlimmer, weil sie dauerhafter waren. Um diese Stadt kämpften nach dem Zusammenbruch Polen und Ruthenen, und hier ereignete sich der Novemberpogrom. Und heute noch sieht Lemberg wie eine Etappe aus.

Die Hauptstraße hieß einmal: «Karl-Ludwigstraße», aus Loyalität gegenüber dem Herrscherhause. Heute heißt sie: «Die Straße der Legionen». Es sind die polnischen Legionen gemeint. Hier war einmal der Korso der österreichischen Offiziere. Heute spazieren die polnischen Offiziere. Hier hörte man immer deutsch, polnisch, ruthenisch. Man spricht heute: polnisch, deutsch und ruthenisch. In der Nähe des Theaters, das am unteren Ende die Straße abgrenzt, sprechen die Menschen jiddisch. Immer sprachen sie so in dieser Gegend. Sie werden wahrscheinlich niemals anders reden.

Gegen diese Vielsprachigkeit wehrt sich das neugestärkte, durch die jüngste Entwicklung der Geschichte gewissermaßen bestätigte polnische Nationalbewußtsein – mit Unrecht. Junge und kleine Nationen sind empfindlich. Große sind es manchmal auch. Nationale und sprachliche Einheitlichkeit kann eine Stärke sein, nationale und sprachliche Vielfältigkeit ist es immer. In diesem Sinn ist Lemberg eine Bereicherung des polnischen Staates. Es ist ein bunter Fleck im Osten Europas, dort, wo es noch lange nicht anfängt, bunt zu werden. Die Stadt ist ein bunter Fleck: rot-weiß, blau-gelb und ein bißchen schwarz-gelb. Ich wüßte nicht, wem das schaden könnte.

Diese Buntheit schreit nicht, blendet nicht, macht kein Aufsehen, ist nicht um ihrer selbst willen da, wie die Buntheit balkanisch-orientalischer Städte, wie die Budapester zum Beispiel, das balkanischer ist als der Balkan. Die polyglotte Farbigkeit der Stadt Lemberg ist wie am frühen Morgen noch im Halbschlummer, schon in halber Wachheit. Es ist, wie die erste Jugend einer Buntheit. Junge Bäuerinnen mit Körben fahren im Bauernwagen durch die Hauptstraße, Heu duftet. Ein Drehorgelmann spielt ein Volkslied. Stroh und Häcksel sind über den Fahrdamm gestreut. Die Damen, die in die Konditorei gehen, tragen die letzten Toiletten aus Paris, Kleider, die bereits den Anspruch erheben, «Schöpfungen» zu sein. In den Seitenstraßen staubt man Teppiche.

Adam Mickievicz, der große polnische Dichter, steht in der Straßenmitte. Kaftanjuden patrouillieren zu seinen Füßen, die Wachtposten des Handels. Ein Mann mit einem Sack über der rechten Schulter schreit «Handele!» mit melodischer Weinerlichkeit. Das hindert keinen einzigen der schlanken, sehr kriegerischen Kavallerieoffiziere, mit seinem großen, gebogenen Säbel zu scheppern, mit den musikalischen Sporen zu klirren. Er klirrt, scheppert, schreitet mit anmutiger Männlichkeit in einer kleinen Wolke aus Kriegsmusik dahin und ist dennoch ein friedlicher Mensch – und, als hätte er keinen gewaltigen Schleppsäbel, sondern nur einen Regenschirm, so zwängt er sich durch die dichtgeballten Gruppen der Händler, welche die Politik der Welt besprechen und einen Handel abschließen und beides gleichzeitig. So demokratisch ist hier das Militär. Ich sah einen Oberleutnant mit vielen Kriegsauszeichnungen und bunten Bändchen an der Brust. In der Hand trug er ein Glas «Eingemachtes». Seiner Frau hielt er den Marktkorb. Dieser Kopfsprung ins Ewig-Menschliche, ins Private, ins Häusliche versöhnt mit den kriegerischen Wolken aus Sporenklang und Ordensglanz. In anderen Städten trägt ein «Bursche», drei Schritte hinter den Herrschaften Oberleutnants, das Eingemachte. Manchmal ist es gut zu sehen, daß ein Oberleutnant ein Mensch ist.

Die Stadt demokratisiert, vereinfacht, vermenschlicht, und es scheint, daß diese Eigenschaften mit ihren kosmopolitischen Neigungen zusammenhängt. Die Tendenz ins Weite ist immer gleichzeitig ein Wille zur selbstverständlichen Sachlichkeit. Man kann nicht feierlich sein, wenn man v i e l f ä l t i g ist. Sakrales selbst wird hier populär. Die großen, alten Kirchen treten aus der Reserve ihres heiligen Zwecks und mischen sich unter das Volk. Und das Volk ist gläubig. Neben der großen Synagoge blüht der jüdische Straßenhandel. An ihren Mauern lehnen die Händler. Vor den Kirchenportalen hocken die Bettler. Wenn der liebe Gott nach Lemberg käme, er ginge zu Fuß durch die «Straße der Legionen».

Straßen, Plätze, Häuser, die vornehm zu sein die Bestimmung und die Pflicht haben, Schlösser hinter Gittern, öffentliche Gebäude, zu denen man auf Stiegen emporschreitet – alle sind populär. Die strenge Form lockert sich volkstümlich. Die Milderung der strengen Form artet auch in Unordnung aus, in zerstörende Langsamkeit, selbstmörderische Verwirrung. Die Gesetze sind zahlreich. Ihre Übertretung oberstes Gesetz, wenn auch ungeschriebenes. Der alte «österreichische Schlendrian» findet eine adäquate Fortsetzung in der Lässigkeit, die slawisch ist und eine Begleiterin der Melancholie.

Es gibt ein Literaten-Café, «Roma» heißt es. Gute Bürger besuchen es. Auch hier verwischen sich die Grenzen zwischen Seßhaftigkeit und Bohème. Der Sohn des bekannten Rechtsanwalts ist Stammgast, Regisseur, Literat. Am Nebentisch könnten seine Angehörigen sitzen. Alle Trennungsstriche sind mit schwacher, kaum sichtbarer Kreide gezogen.

Es ist die Stadt der verwischten Grenzen. Der östlichste Ausläufer der alten kaiserlich und königlichen Welt. Hinter Lemberg beginnt Rußland, eine andere Welt. Das weit westlichere Krakau ist weniger österreichisch. Es blieb immer ein nationales Museum. Zwischen Wien und Lemberg ist heute noch, wie immer, der Radioaustausch der Kultur. Aber Bukarest ist noch dazu gekommen. Der Umsturz hat nämlich alle galizischen Städte um einige Meilen nach Osten gerückt. Vielleicht zum Segen des Ostens …

Zweite Folge der dreiteiligen Serie «Reise durch Galizien», Frankfurter Zeitung, 22. November 1924

Die Krüppel.
Ein polnisches Invalidenbegräbnis.

In Lemberg wurde der berühmte polnische Invalide begraben, über dessen demonstrativen, heroischen Selbstmord alle Zeitungen der Welt berichtet hatten. Dieser Invalide sprach in einer Versammlung seiner Kameraden über die gemeinsame Not, schloß mit einem Hochruf auf die polnische Republik und schoß sich eine Kugel durch den Kopf. Er verließ das Leben früher als das Rednerpult.

Man begrub ihn an einem jener trüben Tage, an denen der verhängte Himmel sehr nahe über unseren Köpfen zu hängen scheint und der liebe Gott dennoch ferner ist als je. Den Kondukt bildeten alle Invaliden der Stadt, alle Fragmente, alle gewesenen Menschen, die Hinkenden, die Blinden, die ohne Arme, die ohne Beine, die Gelähmten, die Zitternden, die ohne Gesicht und die mit zerschossenem Rückgrat, die Skrofulösen, die von der Liebe Zerfressenen, die Verblödeten und die taubstumm Gewordenen, die das Gedächtnis verloren hatten und sich selbst nicht erkannten und alle, für deren Krankheiten die Gelehrten noch keinen Namen gefunden haben, und die am Heldentum zu Grunde gehen.

Es gab keinen Invaliden, der zu Hause geblieben wäre. Diejenigen, die humpeln konnten, humpelten; die kriechen konnten, krochen, und die sich überhaupt nicht bewegen konnten, lagen auf einem großen Lastauto. Leider fand dieses Begräbnis in Lemberg statt, im entlegenen Ostgalizien! Man hätte den Invaliden mitten in Europa begraben müssen, in Genf zum Beispiel, und Diplomaten und Feldherren einladen sollen.

Denn es war ein Kondukt, wie man ihn nirgends zu sehen bekommt, und die polnischen Invaliden waren die Repräsentanten aller Kriegskrüppel der Welt, der internationalen Kriegskrüppelnation, deren gemeinsames Merkmal es ist, daß man ihnen verschiedene Merkmale weggeschossen hat, und die man unfehlbar daran erkennt, daß man sie nicht erkennen kann.

Wir haben Massengräber gesehen, verschimmelte Hände, ragend aus zugeschütteten Gruben, Oberschenkel an Drahtverhauen und abgetrennte Schädeldecken neben Latrinen. Wer aber weiß, wie Ruinen aussehen, die sich bewegen; Schutt, der sich rührt; Trümmer, die sich krümmen? Wer hat schon gehende Krankenhäuser gesehen, eine Völkerwanderung der Stümpfe, eine Prozession der Überreste?

So war dieser Leichenzug. Tausende Krüppel zählte ich hinter dem Wagen. In Doppelreihen, so wie sie einmal in der Marschkompanie marschiert waren, bewegten sie sich vorwärts. Zuerst hinkten die Lahmen, zweihundert an der Zahl. Es waren jämmerliche Doppelreihen, ein entstellter Militarismus, eine groteske Truppe, und statt des gesunden, gleichmäßigen Rhythmus der Soldaten hörte man das ungleichmäßige Klopfen der Krücken auf dem holprigen Pflaster, eine Musik aus Holz und Stein, und dazwischen quietschten und knarrten die Gelenke der Prothesen, und aus den Kehlen der Kranken kamen verschiedene zischende Räusper- und Pfeifgeräusche, Gemurmel und Gestöhn. Hinter den Lahmen gingen die Blinden, gingen, tappten sich vorwärts in einer Welt aus schwarzem Samt, ein Blinder war dem andern Führer, alle vier in der Reihe hielten sich an den Händen fest, sie konnten nicht fehlgehen, sie hatten keinen Zusammenstoß zu fürchten, denn der Tote und der Tod ebneten ihnen den Weg. Sie hatten ihre Brillen und Binden abgenommen, man sah die ausgeronnenen Augen unter den vorgewölbten Stirnknochen, wie hohe Torbögen überschatteten die unteren Stirnränder die tiefen Augenhöhlen, die unbewohnten, grauenhaft leeren. Ein gleichmäßiges Schlürfen war hörbar, und Stöcke und Metallspitzen erklangen.

So waren sie geordnet, all nach ihren Schicksalen. Hinter den Blinden gingen die Einarmigen und hinter ihnen die Armlosen und nach den Armlosen die Kopfschüßler. Dann kam ein großes Lastauto, von dem ein solcher Schrecken ausging, daß man sein Rattern nicht hörte, denn stärker als das Hörbare wurde das Gesehene, und ein lautloser Jammer schrie so betäubend, daß er jedes Gepolter der Räder übertönte.

Denn dieser Wagen sah aus, als käme er geradewegs aus einer furchtbaren Höllenphantasie. Da standen die Krüppel, deren ganzes Gesicht ein einziges gähnendes rotes Loch war, von weißem Verbandzeug eingesäumt, mit rötlichen Narbenrillen statt der Ohren. Da standen Klumpen von Fleisch und Blut, Soldaten ohne Gliedmaßen, Rümpfe in Uniform, die losen Ärmel auf dem Rücken zusammengebunden in einer koketten Grausamkeit. Da saßen die Rückenmarkschüßler, wie Taschenmesser, eine knappe Sekunde vor dem Zuklappen, die Rücken parallel zum Boden des Wagens. Da waren Männer, die ihre Finger fortwährend in der Luft herumschleuderten, wie tote Knochenbündel an Bindfäden, und andere, deren Gesichter seitwärts gewandt waren, links oder rechts, und andere, deren Gesichter rückwärts sahen, als hätte man ihnen den Kopf zurückgedreht. Das vorne war hinten, sie sahen unermüdlich zurück, als bannte sie die schreckliche Vergangenheit und als ließe das erlebte Grausen ihren Blick nicht los. Und all das war eine traumhafte Mischvision von Rot und faulendem Fleisch und rinnendem Rückenmark und gebrochenen Halswirbeln. Ganz hinten saß die Elite des schrecklichsten Schreckens, ein Mann, dessen Hals lang war, wie eine auseinandergezogene Harmonika, lang und faltig, und dessen Kopf bei jeder stärkeren Bewegung des Wagens hintenüber fiel, so daß der Boden der Mütze auf dem Nacken lag. Ganz lose saß der Kopf, ein schwerer Kürbis an dünner Kette aus welken Hautlappen.

Hinter dem Auto schritten die Verblödeten. Sie hatten alles, Augen, Nase und Ohren, Beine und Arme, und nur der Verstand war ihnen ausgeronnen, und sie wußten nicht, wohin und wozu sie hier geführt wurden, sie sahen aus, wie Brüder, sie erlebten alle dasselbe große vernichtende Nichts, wie gelbe Nullen waren ihre Gesichter, und alle Münder standen halbgeöffnet in reglosem Lächeln. So belächelten sie blöde den Toten und die Welt, die Straße, die Häuser, die zusehenden Menschen.

Ja, die Menschen blieben stehen und sahen zu und rührten sich nicht. Es begann zu regnen, und niemand spannte den Regenschirm auf, obwohl viele mit Schirmen ausgerüstet waren. Es tropfte stärker, ein Wind erhob sich, und über dem Leichenzug, knapp vor dem Knaben im weißen Hemd, der das mattschimmernde Metallkreuz trug, segelte eine dunkelblaue Wolke, zackig, wuchtig und schwer, und streckte vorne einen

Zipfel aus, wie einen zerfetzten Zeigefinger, um den Krüppeln den Weg nach dem Friedhof zu weisen.

Dritte Folge der dreiteiligen Serie «Reise durch Galizien», Frankfurter Zeitung, 23. November 1924

II. RUSSISCHE ANSICHTEN

Eine Nacht mit Wanzen.

Karpathorußland, im Mai.

«Heute Nacht habe ich eine Wanze gefunden und gleich getötet.» – «Da hast du aber Glück gehabt.» – «Wenn nur nicht soviele Wanzen kondolieren gekommen wären!»

«Sind Wanzen im Bett, Herr Wirt?» – «Wo sollen sie denn sein?»

Uralte Witze.

Man war ja im Kriege an manches gewöhnt. An allen Fronten flogen nicht nur Kugeln, sondern sprangen auch Flöhe. Kopfläuse waren besser als Kopfschüsse. Und die kleinen rührenden Mäuse, die die Bauernstuben der Etappe bevölkerten, waren geradezu reizende Hausgenossen. Sie rumorten ein wenig, aber dafür vollführten sie artige Tänze, man hatte sie ehrlich lieb.

Es wäre ein schweres Unrecht, so gesittete Tiere mit der blutsaugerischen, mitleidlosen, blöden Wanze zu vergleichen. In ihrem platten Leib, diesem kriechenden Muttermal der Schwiegermutter des Teufels, hat ein fühlendes Herz keinen Platz.

Ich möchte Franziskus von Assissi, den demütigen Tierfreund, nach einer Nacht in einem karpatho-russischen Dorf sehen. Ob nicht selbst er die Kreatur verfluchen würde, die den heiligen Schlaf stört, um sich an unserem Blut, das sie für einen ganz besonderen Saft zu halten scheint, so vollzusaufen, daß es eine Schande ist.

Man legt sich nieder, müde, durchfroren und glücklich, sich einschlafen zu fühlen … Da eilen schon aus allen Ritzen, aus Bilderrahmen und Fugen die lebendig gewordenen Leberfleckerln hervor, die man so oft an geliebten Frauen besungen hat.

Man ist eben eingeschlafen, und das erste Kratzen geschieht im Schlaf, im Halbschlaf das zweite. Beim dritten Male erwacht man, und man weiß das Schreckliche, die eben begonnene Nacht ist zu Ende. Man macht Licht. Am Knöchel sitzt eine Wanze. Was nun? Den Blutsauger auf die Erde schütteln und mit dem Hausschuh ermorden! Aber jetzt kommen die Kondolierer.

Sie kleben an der Wand, nur als Nägel verkleidet, nur wenn man scharf hinsieht, so kommt man hinter ihr Mimikry. Man nimmt ein brennendes Zündholz, hält es hin, die rote Wanze fällt, wie ein Blatt im Herbst, ins Bett, die Wand ziert ein kleiner Brandfleck.

Siehe, auf dem Kopfpolster sitzt auch eine. Wenn man das Haus in Brand stecken will – es wäre ja das Vernünftigste! – So muß man die Krawattennadel nehmen und in den Polster stechen. Ein kleiner Knacks, ein winziger Blutstropfen, vielleicht schon vermengt mit dem mir abgesaugten, wunderliche Transfusion … und jetzt die Leichen fortgeschüttelt – ich werde ihren Geruch nie vergessen – und ins Bett, Decke empor, Licht verlöscht … schlafen!

Jedoch die Rache der Verwandten, Blutrache im fürchterlichsten Sinne des Wortes, ist erwacht. Auch ich. Aussichtsloser Kampf! Sie sind so zahlreich wie die Sternlein auf dem blauen Himmelszelt und ich bin ganz allein. Auch ekeln sie sich gar nicht vor mir und ich vor ihnen im höchsten Maß.

Mechanisch streife ich eine ab, aber andere vollenden das Werk. Ich werde kraftlos. Mögen sie mich auffressen! Wenn ich sterbe, so will ich Gott bitten, er solle sie aus dem Tierparadies verbannen.

Es scheint, daß ich fiebere. Mein Körper bekommt rote Pusteln, Bisse, Masern oder die Pest, mir ist es gleich.

Ich büße alle Sünden ab, ich will immer brav sein, nur noch dieses eine Mal kann ich die Schadenfreude nicht verbergen beim Anblick einer frechen Wanze, die auf den Rücken zu liegen gekommen ist, mit den Beinchen strampelt, und alle Qualen erduldet, die Franz Kafka in der «Verwandlung» beschrieben hat. Mag sie sich quälen, mich quält es mehr.

Ich binde mir mit Schuhschnüren den Schlafanzug an den Knöcheln fest zu und bedecke mein Gesicht mit einem Tafeltuch. Ich lasse das Licht brennen, wir wollen sehen, wer länger durchhält.

Ach, ich bin schon ganz hin und ich möchte vor Zorn und Einsamkeitsgefühl weinen, wenn ich mich nicht vor den Wanzen meiner Schwäche schämte.

«Wie klein ist der Mensch,» sagte mir eine ins Ohr, aber ich bin zu Kaffeehaus-Aphorismen nicht aufgelegt und brülle ihr «Kusch!» zu. Was sie zur Kenntnis nimmt – sich aufs Saugen verlegend.

Endlich, es tagt schon, ist das große Gelage zu Ende. Meine

Gäste sind gesättigt. Ich schlafe ein und träume bitter, erwache bald, müder als vorher, gerädert und mißbraucht, und ich möchte aus der Haut fahren, die aussieht, als wäre ich in Brennesseln gefallen.

r. th.

Neue Berliner Zeitung – 12 Uhr Blatt, 11. Mai 1926

Leningrad.

I.

Nach Leningrad kam ich an einem eisigen Sonntagsmorgen. Die Luft war aus Glas. Es klirrte. Die Straße war Schnee; weißbesonnter Schnee auf der einen Seite, auf der andern beschatteter Schnee. Die Bürgersteige waren von der Straßenmitte getrennt durch Schneehaufen, die sich in regelmäßigen Abständen erhoben. Sie erinnerten an markierte Grenzlinien. Von den Schlitten kam ein fröhliches Klingeln, von den Fußgängern ein Knirschen und ein Schnaufen. Der Gummi der Galoschen quietschte auf dem widerspenstigen Schnee, der bei jedem Schritt seufzte, als litte er unter dem Getretenwerden. Der Atem entströmte hörbar den Mündern und den Nasen der Menschen. Vor jedem Angesicht eine kleine Wolke, die sich immer wieder erneuerte. Vor den Häuptern der Schlittenpferde größere Wolken. Hoch unter dem blaßblauen Himmel schien der Frost zu singen, dünn, ein Wimmern, aber nicht eines, das Schmerz ausdrückt, sondern kalte Wollust am kalten Schmerz. Dieser Gesang des unsichtbaren Frostes unter dem winterlichen Himmel war der deutliche akustische Gegensatz zum unaufhörlichen Geschmetter unsichtbarer Lerchen unter einem sommerlichen. Obwohl die Sonne sehr stark war, konnte man dennoch in sie sehen. Denn ihr weißer Glanz war im Verhältnis zum blendenden Schnee eine Beruhigung dem Auge. Und ebenso wie man etwa im Sommer, nachdem man in den Himmel geblickt, das Auge über das Grün der Erde schweifen läßt, um den geblendeten Sinn zu beruhigen, so schickte ich meinen Blick, der sich am Weiß des Bodens wehtat, zur Erholung in das Blau des Himmels. Der Schnee war stark wie die Sonne und die Sonne sanft wie Schnee. Und während von ihr Kälte kam, schien ihm Wärme zu entströmen. Man zählte 28 Grad unter Null. Vor der Nase stand der Frost wie eine doppelt geschliffene Klinge. In den Ohrmuscheln brannte ein stechendes Feuer aus dünnen rohen Nadeln. Man fühlte das Blut im eigenen Körper kreisen und die Schnelligkeit, mit der es sich selbst heizte. Infolgedessen, und nicht weil man etwa fror, beschleunigte man den Schritt. Alles Lebendige bewegte sich sehr schnell. Die Menschen liefen fast aneinander vorbei, jeder durch den Frost vom andern isoliert. Die Schlitten huschten. Ein oder zwei der seltenen Automobile sausten. Die Schellen an dem hohen Joch der kleinen Pferde galoppierten. Die einzelnen Klänge verbanden sich zu Melodien. Es war kein Klingeln mehr, es waren geklingelte Lieder.

Aber alles Stehende schien doppelt unbeweglich. Die Häuser, die Brücken, die Buden, die Laternen waren für alle Ewigkeit hingestellt, und ihre Lage schien unveränderlich wie die der Pyramiden. Ja, selbst der Schatten, den die Objekte warfen, war nicht mehr ein Spiel des Lichts, sondern eine dunkle Fläche, hingemalt mit grauer Farbe auf den weißen Schnee und unabhängig von dem wechselnden Stand der Sonne. Die Paläste, die in Leningrad so dicht nebeneinanderstehen wie in anderen Städten die Mietshäuser, erhielten in der Atmosphäre dieses Vormittags eine doppelte Festigkeit. Zu der Kraft des Dauerns, die ihnen ihre Erbauer verliehen hatten, kam die monumentalisierende Kraft des Lichts, das die Paläste gleichsam noch einmal stehen hieß, als wäre vorher Gefahr gewesen, sie könnten sich, obwohl gründlich fundamentiert, dennoch bewegen. Aus dem Gegensatz aber zwischen der Schnelligkeit alles Beweglichen und der für Jahrtausende garantierten Unbeweglichkeit alles Stehenden ergab sich ein mir ungewohnter Reiz, ein fruchtbarer, der die Produktivität des Auges steigerte und es zwang, den Zauber der Geschwindigkeit wie die Würde des Dauernden gleichzeitig zu verzeichnen. Die Fassaden erhöhten sich zu Symbolen der Ewigkeit. Die eilenden Menschen und Wagen und Pferde verringerten sich zu beispielhaften Objekten des ewigen Wechsels und der Nichtigkeit alles Lebens. Und ich sah wie auf eine Bühne, auf der ein ergreifendes Spiel von der bedauerlichen Rapidität des Werdens und Vergehens und der grausamen Gleichgültigkeit der ewigen Mächte gespielt wird.

So sah ich Leningrad zum erstenmal. Es repräsentierte sich mir als die Stadt Peters des Großen, des universalen Europäers, der von dieser Stadt aus Asien zu regieren gedachte und der sich nicht, wie andere Herrscher, ein steinernes Denkmal stellte, sondern eine ganze Residenz, am Zipfel seines riesigen Reiches, einem Kapitän vergleichbar, der die Kommandobrücke an dem Bug seines Schiffes placiert. Die Stadt jenes Zaren, der einen so starken Sinn für die Ewigkeit hatte, daß er seinen eigenen Leichnam im Sarkophag durch die Jahrhunderte erhielt, daß er, als man nach der Revolution seinen Sarg öffnete, noch ganz und unversehrt dalag und man vor ihm erschrak – wie man dereinst vor dem Lebendigen erschrocken war.

II.

Am nächsten Morgen war der Frost gebrochen. Er war aufgelöst in Nebel. Der Nebel stieg aus dem Fluß. Der Schnee war noch hart, aber er knirschte nicht mehr. Der Himmel war grau und kündigte neue Schneefälle an. Die Luft war nicht mehr aus Glas, sondern aus milchigem Porzellan. Die Sonne war nicht mehr als ein Himmelskörper wahrnehmbar, sondern hinter den Wolken wie gleichmäßig verschüttet über den ganzen Horizont. Über den Dächern der Häuser und der Paläste lag unbeweglich ein graublauer Dunst, und stand man auf einem erhöhten Punkt der Stadt oder auf einem weiten Platz, auf dem die Distanz einen Überblick erlaubte, so war es, als sähe man auf eine versunkene Stadt, eine Stadt unter einem leichten Meer aus Rauch. Glocken, Schlittenschellen und andere Geräusche gelangten zu mir aus einer verhüllten Nähe. Es war, als würde es mir nie gestattet sein, die Ursachen dieser Geräusche mit eigenen Augen zu sehen. Ging ich dann hinein, um die Türme, die Menschen, die Straßen wahrzunehmen, so war es, als hätte ich einen Bann aus Nebeln durchbrochen. Nicht mehr für alle Ewigkeit schienen die Fassaden auf das vergängliche Leben vor ihnen zu blicken. Sie zitterten vielmehr, sie schwankten, veränderten fast ihre Formen, wie Mauern, die man aus einer sehr großen Entfernung sieht. Es war immer noch kalt. Aber die Kälte hüllte sich gleichsam in wärmende Wolken, wie in Pelz – in ihnen war schon die besänftigende Weichheit des Schnees, den sie enthielten. Vor mir glänzte aus graublauem Nebel die Spitze des Admiralspalastes auf, wie ein[e] goldene Lanze, die den Rauch durchstochen und aufgespießt hat. Es war ein unwahrscheinlicher Triumph im Glanz dieser Lanze. Sie triumphierte wie das Wahrzeichen einer Welt, die den Nebel, der sie zu verschlingen droht, nicht fürchtet, weil sie ihn selbst geboren hat. Wie der ausgestreckte mahnende Finger einer Macht, die noch gefährlich werden kann, einfach weil sie noch da ist.

Den Rauch, der sie einhüllte, gebar die Stadt Leningrad wirklich selbst. Denn sie steht auf Sümpfen, weich und tückisch ist der Boden, in den die schweren Fundamente der schweren Paläste und Kirchen mehr versenkt als gebaut sind. Ein großer und eigenwilliger Zar hat seine Macht auch noch über den Sumpf beweisen wollen. Und wie Venedig über das Wasser, so triumphiert Leningrad über den Sumpf. Aber es identifiziert sich mit ihm, seine Mauern werden feucht, sie sinken ein, und wenn es die starken Fröste seines Klimas nicht immer wieder befestigten und den weichen Boden hart machten, vielleicht stünden die Häuser nicht mehr so hoch, wie sie heute noch sind. Aber an den meisten Tagen des Jahres liegt die Stadt im sanften Nebel ihrer eigenen Sümpfe, wie ein Zeichen des Friedens, den Stein und Wasser geschlossen haben, und aus der Ferne sieht die Stadt nicht aus wie eine Wirklichkeit, sondern wie der Traum von ihr, den Sümpfe träumen. Eines Tages – sagte Dostojewski – würde man erwachen und Petersburg wäre nicht mehr da. Ein lebendiger Peter hat es errichtet, vielleicht wird es ebenso wunderbar ein toter wieder in nichts verwandeln. Denn diese Stadt kann nicht zerstört werden. Sie kann sich auflösen – in den Dunst, der über ihr lagert.

III.

Oh, sagten mir die Patrioten von Petersburger Färbung, hätten Sie die Stadt früher gekannt. Sie war europäischer, lebhafter, reicher als Paris! – Denn es gibt eine bestimmte Schicht überzeugter Petersburger in allen Teilen Rußlands, die immer gegen die überzeugten Moskauer waren. Moskau hatte seine alten historischen und ethnographischen Rechte nicht aufgegeben. Es hielt eine «echtere», «russischere» Tradition der «europäischen» und höfischen Petersburgs entgegen. Es entstand in Petersburg, das die Zaren in ziemlich sicherer Entfernung von ihren Untertanen hielt, eine noch merkwürdigere Art Russentum. Es entstand der gehobene russische Bürokrat mit fast deutscher Pünktlichkeit, aber mit einer leisen Verrücktheit, jene Mischung, die den «Sonderling» ergibt. Da waren die breiten europäischen Straßen mit der mangelhaften russischen Kanalisierung. Man sprach französisch und deutsch und fluchte auf russisch. Man war in der Nähe des Auslands, am Rande des Meeres und der fremden Schiffe, die fremden Diplomaten wohnten um die Ecke – und während man so in Rußland zu Hause blieb, sah man Europa in die Fenster. Petersburg hieß die Stadt, sie hatte keinen russischen Namen. Als der Zar Nikolaus II. sie im Kriege in «Petrograd» umtaufte, wehklagten gerade die russischen Patrioten, denen der deutsche Name ihrer Stadt heilig geworden war. «Petersburg» bedeutete universale Vornehmheit, von dem größten Zaren gewollt und deshalb russisch. «Petrograd» bedeutete eine billige Konzession an den kleinbürgerlichen Nationalismus, den pöbelhaften, eigentlich westeuropäischen Sprachpuritanismus, der die Schilder mit fremdklingenden Namen zerstört. Petersburg in Petrograd umzutaufen – das bewies die kleinbürgerliche Gesinnung des letzten Zaren, der sein Nationalgefühl von den Straßendemonstranten bezog. Eine Stadt, die schon Petrograd hieß, mußte schließlich Leningrad heißen – meinen heute die russischen Reaktionäre. Sie halten noch bei Peter dem Großen. Nikolaus II. ist ihnen ein Vorläufer der Revolution.

Diese Reaktionäre leben noch in Petersburg. Manche blieben von der Revolution verschont, weil sie sich um die Politik nicht kümmerten. Sie waren zu stolz, um sich zu kümmern. Sie standen von den Schreibtischen auf, legten ihre Uniformen ab und sahen dem Untergang ihrer Welt mit der stolzen Verachtung zu, die sie auch gegen sich selbst hatten. Eine Art von aristokratischem Nihilismus. Ein Heroismus der Gleichgültigkeit. Gespenstisch wandeln sie durch die Straßen. Gespenstisch waren sie schon damals, als sie noch vor den Schreibtischen saßen. Gespenster der Sümpfe mit höfischen Manieren. Sie werden Petersburg niemals freiwillig verlassen. Der Hof ist nicht mehr da, aber die Sümpfe sind geblieben, ihre Heimat, deren Feuchtigkeit alte Gespenster konserviert.

IV.

Der Platz vor dem Winterpalast ist weit und der Schnee verwischt seine Grenzen. Er ist als Platz so unermeßlich wie Rußland als Reich unermeßlich ist. Durch die Fensterscheiben, die eine gelbliche Tönung haben, sieht man auf ihn wie auf einen erstarrten See. Eine Wehmut aus Stein und Eis steigt aus ihm auf, wie Nebel aus einem lebendigen. Menschen, die ihn überqueren, sehen winzig aus, wie verkleidete Streichhölzer. Rings eingeschlossen, nur durch schmale Auswege mit der Stadt verbunden, ist er wie deren eigene Abkehr, eine Form ihrer Entrücktheit. Der Zar war winzig diesem Platz gegenüber, ein kleiner Gefangener. Wie furchtsam wird ein Herrscher, wenn ihn ein Platz, groß, weiß und schweigsam, belagert! Wer nicht groß genug ist zu regieren, wird hier, vor lauter Weite, ein Tyrann.

Ein früher Winterabend brachte frischen, weichen Schnee, der zusammen mit der Dunkelheit herabfiel, wie um sie zu beleuchten. Aber soviel es auch schneite, der Platz blieb tief und sein Niveau schien sich nicht um einen Zentimeter zu heben. Zu weit ist dieser Platz! – dachte ich. – Zu weit! …

Frankfurter Zeitung, 18. März 1928

III. SOWJETISCHE WIRKLICHKEIT

Die Grenze Niegoreloje.

Die Grenze Niegoreloje ist ein großer brauner, hölzerner Saal, in den wir alle eintreten müssen. Gütige Träger haben unsere Koffer aus dem Zug geholt. Die Nacht ist sehr schwarz, es ist kalt und es regnet. Deshalb sahen die Träger so gütig aus. Mit ihren weißen Schürzen und ihren starken Armen kamen sie uns helfen, als wir fremd an die Grenze stießen. Ein Mann, der dazu befugt war, hat mir noch im Zug den Paß abgenommen, mich meiner Identität beraubt. So, ganz und gar nicht ich, ging ich über die Grenze. Man hätte mich mit jedem beliebigen Reisenden verwechseln können. Später allerdings stellte es sich heraus, daß die russischen Zollrevisoren mich nicht verwechselten. Intelligenter als ihre Kollegen aus andern Ländern wußten sie, zu welchen Zwecken ich reise.

Im braunen, hölzernen Saal hatte man uns schon erwartet. Gelbe, warme elektrische Lampen waren an der Decke entzündet. Auf dem Tisch, an dem der Oberste der Zollrevisoren saß, brannte, freundliche Grüßerin aus vergangenen Zeiten, eine Petroleumlampe mit Rundbrenner und lächelte. Die Uhr an der Wand zeigte die osteuropäische Zeit. Die Reisenden, beflissen, ihr nachzukommen, rückten ihre Uhren um eine Stunde vor. Es war also nicht mehr zehn, sondern schon elf. Um zwölf mußten wir weiterfahren.

Wir waren wenige Menschen, aber viele Koffer. Die meisten gehörten einem Diplomaten. Sie blieben laut Gesetz unberührt. Keusch, wie sie vor der Abfahrt gepackt waren, müssen sie am Ziel ankommen. Sie enthalten nämlich sogenannte Staatsgeheimnisse. Dagegen werden sie sorgfältig in Listen eingetragen. Es dauerte lange. Der Diplomat beschäftigte unsere tüchtigsten Revisoren. Und indessen verstrich die osteuropäische Zeit.

Draußen, in der feuchten Schwärze der Nacht, rangierte man den russischen Zug. Die russische Lokomotive pfeift nicht, sondern heult wie eine Schiffssirene, breit, heiter und ozeanisch. Wenn man durch die Fenster die nasse Nacht sieht und die Lokomotive hört, ist es wie am Ufer des Meeres. In der Halle wird es beinahe behaglich. Die Koffer fangen an, sich auszubreiten, aufzugehen, als wäre ihnen heiß. Aus dem dicken Gepäck eines Kaufmanns aus Teheran klettern hölzerne Spielzeuge, Schlangen, Hühner und Schaukelpferde. Kleine Stehaufmännchen schaukeln leise auf dem bleibeschwerten Bauch. Ihre bunten, lächerlichen Gesichter, von der Petroleumlampe grell beleuchtet, von vorüberhuschenden Schatten der Hände abwechselnd verdunkelt, werden lebendig, verändern ihren Ausdruck, grinsen, lachen und weinen. Die Spielzeuge klettern auf eine Küchenwa[a]ge, lassen sich wiegen, kollern wieder auf den Tisch und hüllen sich in raschelndes Seidenpapier. Aus dem Koffer einer jungen, hübschen und etwas verzweifelten Frau quillt schimmernde, schmale, bunte Seide, Streifen eines zerschnittenen Regenbogens. Dann folgt Wolle, die sich bauscht, bewußt atmet sie wieder frei nach langen Tagen luftloser, zusammengepreßter Existenz. Schmale graue Halbschuhe mit Silberspangen legen ihr Zeitungspapier ab, das sie verbergen sollte, die vierte Seite des «Matin». Handschuhe mit bestickten Manschetten entsteigen einem kleinen Sarg aus Pappendeckel. Wäsche, Taschentücher, Abendkleider, groß genug, um eine Hand des Revisors zu bekleiden, schweben empor. Alle spielerischen Utensilien einer reichen Welt, alle eleganten, polierten Sächelchen liegen fremd und dreifach nutzlos in dieser harten, braunen, nächtlichen Halle, unter den schweren Balken aus Eichenholz, unter den strengen Plakaten mit den eckigen Buchstaben wie geschliffene Beile, in diesem Duft von Harz, Leder und Petroleum. Da stehen die flachen und die bauchigen kristallenen Flakons mit den saphirgrünen und bernsteingelben Flüssigkeiten, lederne Maniküretuis öffnen ihre Flügel wie heilige Schreine, kleine Damenschuhe trippeln über den Tisch.

Niemals noch sah ich eine so genaue Visitation, auch nicht in den ersten Jahren nach dem Krieg, in der vollen Blütezeit der Revisoren. Es scheint doch, daß hier nicht eine gewöhnliche Grenze ist zwischen Land und Land, sie will eine Grenze sein zwischen Welt und Welt. Der proletarische Zollbeamte – der kundigste der Welt – wie oft hat er selbst verbergen und entkommen müssen! – revidiert zwar Bürger aus neutralen und selbst freundlichen Staaten, aber Menschen einer feindlichen Klasse. Das sind Abgesandte des Kapitals, Händler und Spezialisten. Sie kommen nach Rußland, vom Staat gerufen, vom Proletariat befehdet. Der Zollbeamte weiß, daß diese Kaufleute in den Läden Fakturen säen und daß dann in den Schaufenstern wunderbare, teure, dem Proletarier unerreichbare Waren aufgehen werden. Er revidiert zuerst die Gesichter und dann die Koffer. Er erkennt die Heimkehrenden, die jetzt mit neuen polnischen, serbischen, persischen Pässen versehen sind.

Spät, in der Nacht noch, stehen die Reisenden im Gang und können den Zoll nicht verschmerzen. Alles erzählen sie einander, was sie mitgebracht, was sie bezahlt und was sie geschmuggelt haben. Stoff genug für lange russische Winterabende. Die Enkel werden es noch hören müssen.

Die Enkel werden es hören und das merkwürdige, verworrene Antlitz dieser Zeit wird vor ihnen auftauchen, der Zeit an ihrer eigenen Grenze, der Zeit mit ihren ratlosen Kindern, den roten Revisoren, den weißen Reisenden, den falschen Persern, den Rotarmisten in den langen sandgelben Mänteln, deren Saum den Boden berührt, der feuchten Nacht von Niegoreloje, dem lauten Keuchen schwer bepackter Träger.

Kein Zweifel, diese Grenze hat historische Bedeutung. Ich fühle sie in dem Augenblick, in dem die Sirene breit und heiser aufheult und wir hinausschwimmen in dunkles, weites, ruhiges Land. –

Zweiter Teil der Serie «Reise in Rußland», Frankfurter Zeitung, 21. September 1926

Gespenster in Moskau.

Wer leuchtet mir von den Plakatwänden entgegen? – Der «Maharadschah». Mitten in Moskau! Gunnar Tolnaes, der stumme Tenor aus dem hohen Norden, schreitet siegreich durch Kanonendonner, Blut, Revolution, unverletzbar, wie jedes echte Gespenst. In seinem Gefolge befinden sich die ältesten Kinodramen Europas und Amerikas. Die Häuser, in denen sie gespielt werden, sind überfüllt. Hoffte ich nicht, den Maharadschahs und ihresgleichen zu entkommen, als ich hierherfuhr? Um ihn zu erblicken, bin ich nicht gekommen. Schicken sie uns den «Potemkin» und lassen sich dafür den Gunnar kommen, die Russen? Welch ein Tausch! Sind w i r die Revolutionäre und s i e die Spießer? Welch eine verrückte Welt! – – Mitten in Moskau spielt man den «Maharadschah» …

In den Auslagen der wenigen Frauen-Mode-Läden hängen alte Kostüme, lange, breite Glockenformen. Bei den Modistinnen kann man die ältesten Hutformen sehen. Auf den Köpfen der Bürgerinnen auch. Sie tragen breitrandige Hüte mit Reihern; Napoleonische Dreispitze; Kolpaks mit Schleiern; lange Haare und lange Kleider bis zu den Knöcheln. Und diese Tracht ist nicht nur die Folge einer Not, sondern zum Teil auch eine Manifestation konservativer Gesinnung. Justament bleiben sie beim Sonnenschirm.

Ich ging in den «Maharadschah», um zu sehen, wer ihn besuchte: es waren die alten Kolpaks, die Schleier, die Mieder und die Sonnenschirme.

Es kam die alte, geschlagene Bourgeoisie. Man sieht es ihr an, daß sie die Revolution nicht überlebt, sondern nur überstanden hat. Ihr Geschmack hat sich in den letzten Jahren nicht gewandelt. Sie ist den Weg der europäischen und amerikanischen oberen und mittleren Gesellschaftsschichten nicht gegangen, den Weg vom Sommernachtstraum zur Negerrevue, von Kriegs-Auszeichnungen zu Gedenktagen, von der Helden-Verehrung zur Boxer-Verehrung, vom Ballett-Corps zum Girl-Bataillon und von der Kriegsanleihe zum Grab des Unbekannten Soldaten. Das alte russische Bürgertum ist im Jahre 1917 stehen geblieben. Es möchte im Kino die Sitten, Gebräuche, Schicksale, Möbelstücke seiner Zeitgenossen sehen: Offiziere, die nicht etwa bei der Roten Armee sind, sondern noch im feudalen Kasino verkehren; Liebes-Leidenschaften, die zum Polterabend führen und nicht zur zeremonielosen Sowjet-Ehe vor einem Matrikel-Schreiber; Duellmöglichkeiten zwischen Ehrenmännern; Schreibtische mit Dachgiebeln; Speiseschränke mit Nippes-Sachen; und romantische Exotik. Man möchte die Welt wiedersehen, in der man zwar auch schon unsicher gelebt hat, von der man aber heute glaubt, sie wäre paradiesisch gewesen. Deshalb sind die alten Kinodramen ausverkauft. In Paris werden sie schon unter dem höhnischen Titel: «20 Minuten vor dem Krieg» gegeben. Der französische Bürger lacht über dasselbe Schicksal, das sein russischer Klassengenosse mit ernster Spannung verfolgt.

Ich spreche jetzt vom alten russischen Bürger. Denn schon wächst ein neuer heran, mitten in der Revolution entsteht er, von ihr am Leben gelassen. Vor ihren Gnaden darf er Geschäfte machen und ihre Einschränkungen versteht er zu umgehen. Stark, lebendig, aus einem ganz andern Material als sein Vorgänger, ein Freibeuter halb und halb ein Händler, trägt er mit einem gewissen Trotz seinen Namen: «Nepmann», der im ganzen Land und jenseits der Grenzen einen degradierenden Klang hat. Ohne Sentimentalität, wie er ist, läßt er sich nicht bannen, weder von einer Weltanschauung noch von Gegenständen noch von Moden noch von literarischen und künstlerischen Erzeugnissen noch von einer Moral. Er unterscheidet sich ganz deutlich vom alten Bürger, ganz deutlich vom Proletariat. Er wird erst in einigen Jahrzehnten seine ihm passenden Formen, Traditionen und konventionellen Lügen haben – – wenn er am Leben bleibt …

Ich spreche also nicht von ihm, sondern vom alten Bürger und vom alten «Intellektuellen». Er hat keine Lebenskraft mehr. Sein ehrlicher kleiner revolutionärer Idealismus, seine gutherzige, aber enge Liberalität ist vom großen Brand der Revolution erstickt worden – wie eine Kerze erlischt in einem brennenden Hause. Er leistet dem Sowjetstaat Dienste. Er lebt von kargen Gehältern und er führt immer noch seine alte Lebensweise in einem sehr reduzierten Umfang weiter. Er hat noch ein paar häßliche Andenken aus Karlsbad, ein Familienalbum, ein Lexikon, einen Samowar und Bücher mit Lederrücken. An stillen Abenden spielt seine Frau auf dem Klavier. Aber der Sinn seines Daseins war: ein nützliches Mitglied der bürgerlichen Gesellschaft zu sein und seinen Sohn, wenn möglich, zu einem bedeutenden zu machen. Die äußeren Weihen seiner stillen Existenz waren kleine Auszeichnungen und kleine Rangerhöhungen, Gehaltszulage, private Familienfeier und zuverlässiger Schwiegersohn.

Nichts von all dem ist geblieben. Seine Tochter fragt ihn nicht, bevor sie zu irgendeinem Mann ins Zimmer zieht. Seinem Sohn kann er keine «Grundsätze» mehr fürs Leben geben. Der Sohn kennt sich in der russischen Gegenwart genauer aus, und er führt seinen Vater in ihr herum wie einen Blinden. Der Vater wird ohne Rang und ohne Ehren zu Grabe getragen werden. (Auch der Tod hat seine Feierlichkeit verloren.) Zwar dient er heute dem neuen Auftraggeber mit der alten Ehrlichkeit und Treue, die des Bürgers schönste Tugend ist. Er mag sogar mit dieser Welt zufrieden sein und sie bejahen. Und dennoch, dennoch ist er fremd und tot in ihr. Schon, daß er sie nicht ersehnt und nicht erkämpft hat und daß sie dennoch geworden ist, stellt ihn außerhalb ihrer eigentlichen, ihrer inneren Grenzen. Die blutige Entschiedenheit, mit der sie geworden ist, wird ihm immer unbegreiflich sein. Sein stark ausgeprägtes Gerechtigkeitsgefühl kann sich mit der Unvollkommenheit neuer Einrichtungen nicht zufrieden geben. Die Fehler der neuen Welt erspäht er mit einem viel schnelleren und kritischeren Auge als dereinst die Fehler der alten. Auch gegen diese hatte er sich aufgelehnt. Aber er war schließlich ihr Kind, auch als stiller Empörer. (Ein lauter ist er niemals gewesen.) Und so kommt es, daß in Rußland dasselbe liberale Bürgertum, das im Jahre 1905 mit dem wirklichen meuternden Panzerkreuzer «Potemkin» sympathisierte, das in Odessa die rote Flagge der Rebellen grüßte und das schließlich von den Kosaken niedergeschossen wurde – – daß dieses Bürgertum heute den gefilmten «Potemkin» nicht mehr sehen will.

*

Die Geschmacksverirrungen des Vorkriegsbürgers; eine gewisse frischfröhliche ahnungslose Ekstase der Vorkriegsjugend; ein ganz bestimmter enger Eifer, der wie ein stumpfer Pfeil ist und infolgedessen nur Oberfläche trifft; eine bewußte Abgrenzung gegen alles, was man irrtümlicherweise «Luxus» und «nutzlos» in den neunziger Jahren genannt hat; ein freiwilliger Verzicht auf geistige Verwöhntheit und auf jene Anmut des Menschen, die bereits ins Metaphysische hineinreicht; eine hartnäckige Verwechslung der großen und weiten, allerdings nicht tagespolitischen Tendenz mit Tendenzlos-nur-Schönem und «Bürgerlich Spielerischem» – – das alles ist wieder das Gespenst der Revolutionären. Das haben sie vom aufgeklärten Liberalismus der kleinen französischen Bourgeoisie übernommen. Das sind die gesunden, rotwangigen, robusten Tages-Gespenster. Sie haben zu viel Fleisch und Blut, um lebendig zu sein.

Man hat Homer als eine Art «Religionsunterricht» vollkommen aus den Schulen abgeschafft. Nie mehr soll in Rußland ein Hexameter skandiert werden. Es ist sozusagen eine vollkommene Trennung von Staat und Humanismus durchgeführt worden. Sophokles, Ovid, Tacitus müssen also als Repräsentanten «bourgeoiser» Geistigkeit verstanden worden sein. Was die bürgerlichen Oberlehrer der klassischen Philologie am Altertum gesündigt haben, muß es selbst offenbar büßen. Welch eine Gelegenheit wäre hier gewesen, die Verlogenheiten alter Kommentare in wirklich revolutionärer Weise aufzudecken! Zu zeigen, wie weit entfernt die historische Wirklichkeit und auch die innere Wahrheit von der überlieferten edlen und «klassischen» Gebärde war; wie groß der Unterschied zwischen den aristokratischen Helden war, welche die Dreiruderer befehligen und den tausend Sklaven, die eng an die Ruderbänke gefesselt, die Flotte gegen einen «Feind» führen, der ihr Bruder ist; wie grausam, sinnlos und barbarisch der Tod der Dreihundert in den Thermopylen war – für ein Vaterland, das seinen Opfern zwei ganze Verszeilen schenkt; zu fragen, was mit den Witwen und Waisen dieser Dreihundert geschehen ist; zu lehren, daß Patroklus immer begraben liegt und daß Thersites immer zurückkehrt; die fürchterliche Leichenschändung, die Achilles an Hektor begeht, so zu lesen, wie Homer sie beschreibt – nämlich so, daß jeden ein Grauen schüttelt vor dem Protektionskind blinder, ungerechter, grausamer Götter – einer sozusagen herrschenden Klasse des Altertums; Ovids untertänige Schmeichelwidmungen nicht nur als Beispiele lateinischen «früh-epischen» Stils vorzutragen, sondern als abschreckendes Exempel einer Zeit, in der ein schaffender Mensch, also immerhin auch ein Arbeiter, seine Arbeit verrät und seine Würde verleugnet. – –

Das alles will also die Revolution in Rußland versäumen! Sie protegiert in der Schule das «Praktische», das ohne Zweifel für morgen taugt, aber nicht mehr für übermorgen. Sie verzichtet auf das fundamentale Material, auf dem sie ihre Häuser bauen könnte, wie die alte Welt ihre Tempel und Paläste gebaut hat …

Es geht der Atem durch einen großen Teil des geistigen Lebens in Rußland, der bei uns vor zwanzig Jahren ein frischer war. Es war die Zeit, in der der «Schillerkragen» Rationalismus mit Naturbegeisterung auf jeder männlichen Brust entblößte. Neben ihm grassiert die «sexuelle Aufklärung», die, wie man weiß, Schleier lüften will, aber Türen aufreißt. Hygiene wird Epidemie. Eine Literatur, die mit kleinbürgerlichen artistischen Mitteln arbeitet, hält schützend vor sich die dick aufgetragene Tendenz, so, daß man sie nicht treffen kann, will man die Revolution nicht verletzen. Eine billige Symbolik, die sprachliche

Metaphern ins ursprünglich Gemalte und Geformte zurückübersetzt, also gesprochene Bilder in Farben ausdrückt, kennzeichnet viele Ausstellungen der bildenden Kunst. Es gibt Plakate mit Buchstaben, die vor lauter Deutlichkeit unleserlich werden, Bögen, die in Giebel verwandelt sind, Kreise in Rechtecke, schwingende Rundungen in stumpfe Trapeze.

Daß Gott aufgehört hat, zu existieren, weil die Popen nicht mehr vom Staat erhalten werden, scheint die Überzeugung der meisten zu sein. Die Naivität in metaphysischen Fragen findet man in dieser Art und Vollkommenheit nur noch in Amerika. Und in Moskau kam es wirklich zu einem öffentlichen Disput zwischen dem Führer einer der häufigen amerikanischen Delegationen und einem Moskauer Professor über die Existenz Gottes und über die Verträglichkeit des Glaubens mit der marxistischen Weltanschauung. Und es war ganz wie in einem New Yorker Klub …

Es wäre freilich anders kaum möglich. Vielleicht m u ß die große Masse zuerst durch die Oberfläche der Erkenntnis. Sie ist ja kaum einige Jahre befreit von der tiefsten Blindheit! Wahrscheinlich muß es dauern, bis allgemein wird, was wirklich neu im Schöpferischen ist. Denn eine neue Art, zu schaffen und aufzunehmen, zu schreiben und zu lesen, zu denken und zu hören, zu lehren und zu erfahren, zu malen und zu betrachten, ist hier entstanden. Daneben bleibt alles andere, was es ist: gespenstisch. –

Dritter Teil der Serie «Reise in Rußland», Frankfurter Zeitung, 28. September 1926

Auf der Wolga bis Astrachan.

Der Wolga-Dampfer, der von Nishni-Nowgorod nach Astrachan geht, liegt weiß und festlich im Hafen. Er erinnert an einen Sonntag. Ein Mann schüttelt eine kleine, unerwartet starke Glocke. Die Lastträger laufen, nur mit Trikothosen und einem Tragleder bekleidet, durch die hölzerne Halle. Sie sehen aus wie Ringer. Vor dem Kassenschalter stehen Hunderte. Es ist die zehnte Stunde eines hellen Vormittags. Ein fröhlicher Wind weht. Es ist hier wie bei der Ankunft eines neuen Zirkus außerhalb der Stadt.

Der Wolga-Dampfer trägt den Namen eines berühmten russischen Revolutionärs und hat vier Klassen für Passagiere. In der ersten fahren die neuen Bürger Rußlands, die Nep-Männer, dem Sommerurlaub entgegen, in den Kaukasus und in die Krim. Sie essen im Speisesaal, im spärlichen Schatten einer Palme, gegenüber dem Porträt des berühmten Revolutionärs. Es ist über der Tür mit Nägeln befestigt. Die jungen Bürgerstöchter spielen auf dem harten Klavier. Es klingt wie das Anschlagen metallener Löffel an Teegläser. Die Väter spielen Sechsundsechzig und klagen über die Regierung. Einige Mütter haben eine deutliche Vorliebe für orangefarbene Schals. Der Kellner ist keineswegs klassenbewußt. Als die Dampfer noch nach den Großfürsten hießen, war er schon Kellner. Ein Trinkgeld bringt in sein Angesicht jenen Ausdruck unterwürfigen Respekts, der die ganze Revolution vergessen läßt.

Die vierte Klasse befindet sich tief unten. Ihre Passagiere

schleppen schwere Bündel, billige Körbe, Musikinstrumente und ländliche Geräte. Alle Nationen, die an der Wolga und weiter, in der Steppe und im Kaukasus, wohnen, sind hier vertreten: Tschuwaschen, Tschuwanzen, Zigeuner, Juden, Deutsche, Polen, Russen, Kasachen, Kirgisen. Es gibt hier Katholiken, Orthodoxe, Mohammedaner, Lamaisten, Heiden, Protestanten. Hier sind Greise, Väter, Mütter, Mädchen, Kinder. Hier sind kleine Landarbeiter, arme Handwerker, wandernde Musikanten, blinde Korsaren, fliegende Händler, halbwüchsige Schuhputzer und die obdachlosen Kinder, die «Bezprizorni», die von der Luft und vom Unglück leben. Die Menschen schlafen in hölzernen Schubläden, in zwei Etagen übereinander. Sie essen Kürbisse, suchen nach Ungeziefer auf den Köpfen der Kinder, stillen Säuglinge, waschen Windeln, kochen Tee und spielen Balalaika und Mundharmonika.

Am Tage ist dieser enge Raum beschämend, laut und unwürdig. In der Nacht aber weht eine Andacht durch ihn. So heilig sieht die schlafende Armut aus. Auf allen Gesichtern liegt das echte Pathos der Naivität. Alle Gesichter sind wie offene Tore, durch die man in weiße, klare Seelen sieht. Verwirrte Hände wollen die schmerzenden Lampen vertreiben wie zudringliche Fliegen. Männer bergen ihre Köpfe in den Haaren der Frauen, Bauern umklammern die heiligen Sensen, Kinder ihre schäbigen Puppen. Die Lampen schaukeln im Takt der stampfenden Maschinen. Rotbackige Mädchen entblößen lächelnd ihr offenes, weißes, starkes Gebiß. Ein großer Friede ist über der armen Welt, und als ein durchaus pazifistisches Wesen erweist sich der Mensch, solange er schläft.

*

Auf eine so billig symbolische Weise: oben und unten – sind reich und arm auf dem Wolga-Dampfer nicht getrennt. Unter den Passagieren der vierten Klasse sind reiche Bauern, unter den Passagieren der ersten nicht immer reiche Händler. Der russische Bauer fährt lieber in der vierten. Sie ist nicht nur billiger. Der Bauer ist in ihr auch heimischer. Die Revolution hat ihn von der Demut gegenüber dem «Herrn» befreit, aber noch lange nicht von der Demut gegenüber dem Objekt. In einem Restaurant, in dem ein schlechtes Klavier steht, kann der Bauer seinen Kürbis nicht mit Appetit essen. Ein paar Monate lang fuhren alle in allen Klassen. Dann schieden sie sich, beinahe freiwillig.

«Sehen Sie,» sagte mir ein Amerikaner auf dem Schiff, «was hat die Revolution erreicht? Die armen Leute drängen sich unten und die reichen spielen Sechsundsechzig!»

«Das ist aber auch die einzige Tätigkeit,» sagte ich, «der sie sich ohne Sorgen hingeben können! Der ärmste Schuhputzer in der vierten Klasse hat heute das Bewußtsein, daß er zu uns heraufkommen könnte, wenn er nur wollte. Die reichen Nepleute fürchten aber, daß er jeden Augenblick kommen würde. ‹Oben› und ‹unten› sind auf unserem Dampfer längst nicht mehr symbolische, sie sind rein sachliche Bestimmungen. Vielleicht werden sie einmal wieder symbolisch sein.»

«Sie werden es wieder sein,» sagte der Amerikaner.

*

Der Himmel über der Wolga ist nah und flach und mit unbeweglichen Wolken bemalt. Zu beiden Seiten, hinter den Ufern, sieht man in weiten Fernen jeden emporragenden Baum, jeden aufsteigenden Vogel, jedes weidende Tier. Ein Wald wirkt hier wie ein künstliches Gebilde. Alles hat die Tendenz, sich auszubreiten und zu zerstreuen. Dörfer, Städte und Völker sind weit voneinander entfernt. Gehöfte, Hütten, Zelte wandernder Menschen stehen da, umgeben von Einsamkeit. Die vielen verschiedenen Stämme vermischen sich nicht. Auch wer sich festgesetzt hat, bleibt sein Leben lang auf der Wanderung. Diese Erde gibt das Gefühl der Freiheit wie bei uns nur das Wasser und die Luft. Hier würden auch die Vögel nicht fliegen wollen, wenn sie wandern könnten. Der Mensch aber streicht über das Land wie über einen Himmel, beschwingt und ohne Ziel, ein Vogel der Erde.

Der Fluß ist wie das Land: breit, unendlich lang (von Nishni-Nowgorod bis Astrachan sind es mehr als zweitausend Kilometer) und sehr langsam. An seinen Ufern erwachsen erst spät die «Wolga-Hügel», niedrige Würfel. Ihr nacktes felsiges Innere haben sie dem Fluß zugekehrt. Sie sind nur der Abwechslung wegen da, eine spielerische Viertelstunde Gottes hat sie geschaffen. Hinter ihnen dehnt sich wieder die Fläche, vor der die Horizonte zurückweichen, immer weiter, bis hinter die Steppe.

Ihren großen Atem schickt sie über die Hügel, über den Fluß. Man schmeckt die Bitternis der Unendlichkeit. Im Anblick der großen Berge und der uferlosen Meere fühlt man sich verloren und bedroht. Gegenüber der weiten Ebene ist der Mensch verloren, aber getröstet. Er ist nichts mehr als ein Halm, aber er wird nicht untergehen: Man ist wie ein Kind, das in der ersten Stunde eines Sommermorgens erwacht, wenn alle noch schlafen. Man ist verloren und geborgen zugleich in der unbegrenzten Stille. Wenn eine Fliege summt, ein gedämpfter Pendelschlag tönt, liegt in diesen Geräuschen dieselbe tröstliche, weil überirdische und zeitlose Trauer einer weiten Ebene.

*

Wir halten vor Dörfern, deren Häuser aus Holz sind und aus Lehm, mit Schindeln und mit Stroh gedeckt. Manchmal ruht die breite, mütterliche gute Kuppel einer Kirche in der Mitte der Hütten, ihrer Kinder. Manchmal steht die Kirche an der Tete einer langen Hütten-Zeile und hat auf der Kuppel einen feinen spitzen langen Turm aufgepflanzt, wie ein vierkantiges französisches Bajonett. Es ist eine bewaffnete Kirche. Sie führt ein wanderndes Dorf an.

Kasan bleibt vor uns stehen, die Hauptstadt der Tataren. Ihre bunten Verkaufszelte lärmen am Ufer. Mit offenen Fenstern grüßt sie wie mit gläsernen Fahnen. Man hört das Getrappel ihrer Droschken. Man sieht das grüne und goldene abendliche Glänzen ihrer Kuppeln.

Eine Landstraße führt vom Hafen nach Kasan. Die Straße ist ein Fluß, es hat gestern geregnet. In der Stadt plätschern stille Teiche. Überreste eines Pflasters ragen selten in die Höhe. Die Straßentafeln und die Ladenschilder sind vom Kot bespritzt und unleserlich. Sie sind übrigens doppelt unleserlich, weil zum Teil in alter türkisch-tatarischer Schrift abgefaßt. Deshalb sitzen die Tataren lieber selbst vor den Läden und zählen jedem ihre Waren auf. Sie sind kluge Händler, wie man berichtet. Sie tragen schwarze Pinsel am Kinn. Seit der Revolution hat bei ihnen die alte Volkssitte des Analphabetismus um 25 Prozent abgenommen. Jetzt können viele lesen und schreiben. In den Buchhandlungen liegen tatarische Schriften, die Zeitungsjungen rufen tatarische Blätter aus. Tatarische Beamte sitzen hinter dem Postschalter. Ein Postbeamter erklärte mir, die Tataren wären das tapferste der Völker. «Sie sind aber mit Finnen gemischt» – sagte ich boshaft. Der Postbeamte war beleidigt.

Mit Ausnahme der Gastwirte und der Händler sind alle mit der Regierung zufrieden. Die tatarischen Bauern haben im Bürgerkrieg bald mit den Roten, bald mit den Weißen gekämpft. Sie wußten manchmal gar nicht, worum es ging. Heute sind alle Dörfer des Kasaner Gouvernements politisiert. Die Jugend ist in den Komsomol-Organisationen. Wie bei den meisten mohammedanischen Völkern Rußlands ist auch bei den Tataren die Religion mehr Übung als Glaube. Die Revolution hat eher eine Gewohnheit zerstört als ein Bedürfnis unterdrückt. Die armen Bauern sind hier zufrieden wie überall in den Wolga-Gouvernements. Die reichen Bauern, denen man viel genommen hat, sind unzufrieden wie überall, wie die Deutschen in Pokrowsk, wie die Bauern von Stalingrad und die von Saratow.

Die Dörfer an der Wolga – mit Ausnahme der deutschen – liefern übrigens der Partei die gläubigsten jugendlichen Anhänger. In den Wolgagebieten kommt der politische Enthusiasmus vom Lande häufiger, als aus dem städtischen Proletariat. Viele Dörfer waren hier von der Kultur am weitesten entfernt. Die Tschuwaschen zum Beispiel sind heute noch heimliche «Heiden». Sie beten Götzen an und opfern ihnen. Für den naiven Naturmenschen aus dem Wolga-Dorf ist Kommunismus – Zivilisation. Für den jungen Tschuwaschen ist die städtische Kaserne der Roten Armee ein Palast und der Palast – der ihm auch offen steht – ein siebenhundertster Himmel. Elektrizität, Zeitung, Radio, Buch, Tinte, Schreibmaschine, Kino, Theater – also alles, was uns so ermüdet, belebt und erneuert den primitiven Menschen. Alles hat «die Partei» gemacht. Sie hat nicht nur die großen Herren gestürzt, sie hat auch das Telephon erfunden und das Alphabet. Sie hat den Menschen gelehrt, auf sein Volk stolz zu sein, auf seine Kleinheit, seine Armut. Sie hat seine niedrige Vergangenheit in ein Verdienst gewandelt. Vor dem Ansturm so vieler Herrlichkeiten erliegt sein bäuerliches instinktives Mißtrauen. Sein bewußter kritischer Sinn ist noch lange nicht wach. So wird er ein Fanatiker des neuen Glaubens. Das «kollektivistische Gefühl», das dem Bauern fehlt, ersetzt er doppelt und dreifach durch Ekstase.

*

Die Städte an der Wolga sind die traurigsten, die ich je gesehen habe. Sie erinnern an die zerstörten Städte des französischen Kriegsgebiets. Diese Häuser brannten im roten Bürgerkrieg; und dann sahen ihre Trümmer den weißen Hunger durch die Straßen galoppieren.

Hundertmal, tausendmal starben die Menschen. Sie aßen Katzen, Hunde, Raben, Ratten und die verhungerten Kinder. Sie bissen sich die Hände wund und tranken ihr eignes Blut. Sie kratzten in der Erde nach fetten Regenwürmern und nach weißem Kalk, den das Auge für Käse hielt. Zwei Stunden, nachdem sie gegessen hatten, starben sie unter Qualen. Daß diese Städte überhaupt noch leben! Daß die Menschen feilschen und Koffer tragen und Äpfel verkaufen, Kinder zeugen und gebären! Schon wächst eine Generation heran, die das Grauen nicht kennt, schon stehen Gerüste da, schon sind Zimmerleute und Maurer beschäftigt, das Neue aufzurichten.

Ich wundere mich nicht darüber, daß diese Städte so schön sind nur aus der Höhe und aus der Ferne; daß mir in Samara ein Ziegenbock den Eintritt in das Hotel verwehrte; daß in Stalingrad ein Platzregen in mein Zimmer niederging; daß die Servietten aus buntem Packpapier sind. Wenn man über die schönen Dächer spazieren könnte, statt über das bucklige Pflaster!

*

Man kann in allen Städten des Wolgagebiets mit den Menschen dieselben Erfahrungen machen: Überall sind die Händler unzufrieden, die Arbeiter optimistisch, aber müde, die Kellner respektvoll und unzuverlässig, die Portiers demütig, die Schuhputzer unterwürfig. Und überall ist die Jugend revolutionär – auch die Hälfte der bürgerlichen Jugend ist in den Pionier- und Komsomol-Organisationen.

Übrigens richten sich die Menschen nach meiner Kleidung: Wenn ich die Stiefel anziehe und ohne Krawatte bin, wird das Leben plötzlich märchenhaft billig. Die Früchte kosten ein paar Kopeken, eine Droschkenfahrt einen halben Rubel, man hält mich für einen ausländischen politischen Flüchtling, der in Rußland lebt, sagt «Genosse» zu mir, die Kellner haben proletarisches Bewußtsein und erwarten kein Trinkgeld, die Schuhputzer sind mit 10 Kopeken zufrieden, die Händler sind mit der Lage zufrieden, im Postamt bitten mich die Bauern, ich möchte ihnen eine Adresse auf ihren Brief schreiben, «mit klarer Schrift». Wie teuer aber ist die Welt, wenn ich eine Krawatte anziehe! Man sagt: «Grashdanin» (Bürger) zu mir und schüchtern auch: «Gospodin» (Herr). Die deutschen Bettler sagen: «Herr Landsmann». Die Händler fangen an, über die Steuern zu klagen. Der Wagenbegleiter erwartet einen Rubel. Der Speisewagenkellner erzählt, daß er eine Handelsakademie absolviert habe und «eigentlich ein intelligenter Mensch» sei. Er beweist es, indem er zwanzig Kopeken aufschlägt. Ein Antisemit gesteht mir, daß bei der Revolution nur die Juden gewonnen hätten. «Sogar in Moskau» dürften sie schon leben. Ein Mann möchte mir imponieren. Er erzählt, daß er im Krieg Offizier und in Magdeburg gefangen war. Ein Nep-Mann droht mir: «Alles werden Sie bei uns nicht sehen können!»

Indessen scheint es mir, daß ich in Rußland genau so viel, genau so wenig sehen kann wie in anderen fremden Ländern. Ich bin in keinem Lande noch von fremden Menschen so selbstverständlich, so freimütig eingeladen worden. Ich kann in Ämter, Gerichte, Spitäler, Schulen, Kasernen, Arreste, Strafanstalten, zu Polizeidirektoren und Universitätsprofessoren gehen. Der Bürger kritisiert lauter und schärfer, als dem Fremden angenehm ist. Ich kann mit dem Soldaten und mit dem Regimentskommandanten der Roten Armee in jedem Gasthaus über Krieg, Pazifismus, Literatur und Bewaffnung sprechen. In anderen Ländern ist es gefährlicher. Die Geheimpolizei ist wahrscheinlich so geschickt, daß ich sie nicht bemerke.

*

Die berühmten Lastträger an der Wolga singen immer noch ihre berühmten Lieder. In den russischen Kabaretts des Westens werden die «Burlaki» bei violettem Scheinwerfer und gedämpftem Geigenklang dargestellt. Aber die wirklichen Burlaki sind trauriger, als ihre Darsteller ahnen können. Obwohl sie mit traditioneller Romantik so stark belastet sind, gleitet ihr Gesang tief und schmerzlich in die Zuhörer.

Sie sind wahrscheinlich die stärksten Männer dieses Zeitalters. Jeder von ihnen kann zweihundertundvierzig Kilogramm auf dem Rücken tragen, hundert Kilogramm von der Erde heben, eine Nuß zwischen Zeige- und Mittelfinger zermalmen, ein Ruder auf zwei Fingern balancieren, drei Kürbisse in fünfundvierzig Minuten essen. Sie sehen aus wie bronzene Denkmäler, die man mit menschlicher Haut überspannt und mit einem Tragfell bekleidet hat. Sie verdienen verhältnismäßig viel, vier bis sechs Rubel durchschnittlich. Sie sind stark, gesund, sie leben am freien Fluß. Aber ich habe sie noch nicht lachen sehen. Sie werden nicht froh. Sie trinken Schnaps. Der Alkohol vernichtet diese Riesen. Seitdem die Wolga Frachten trägt, leben die stärksten Träger hier und alle trinken. Heute verkehren auf der Wolga mehr als 200 Dampfer mit etwa 85 000 Indikatorstärken, einer Gesamt-Tonnage von 50 000 Tonnen. – 1190 Lastschiffe ohne Motorbetrieb mit einer Gesamt-Tonnage von beinahe zwei Millionen Tonnen. Aber die Lastarbeiter ersetzen immer noch die Kräne wie vor zweihundert Jahren.

Ihr Gesang kommt nicht aus den Kehlen, sondern aus den unbekannten tiefen Winkeln des Herzens, in denen wahrscheinlich Gesang und Schicksal zusammen gewoben werden. Sie singen wie zum Tod Verurteilte. Sie singen wie Galeerensträflinge. Niemals wird der Sänger von seinem Tragfell frei werden, und niemals vom Schnaps. Solch ein Segen ist die Arbeit! Solch ein Kran ist der Mensch!

Selten hört man ein ganzes Lied, immer nur einzelne Strophen, ein paar Takte. Die Musik ist ein mechanisches Hilfsmittel, sie wirkt wie ein Hebel. Es gibt Lieder zu singen beim gemeinsamen Ziehen der Taue, beim Heben, beim Abladen, beim langsamen Versenken. Die Texte sind alt und primitiv. Ich habe verschiedene Texte zu denselben Melodien gehört. Einige handeln vom schweren Leben, vom leichten Tod, von tausend Pud, von Mädchen und von Liebe. Sobald die Last auf dem Rücken verstaut ist, bricht das Lied ab. Dann ist der Mensch ein Kran.

Es ist unmöglich, wieder das gläserne Klavier zu hören und Sechsundsechzig spielen zu sehen. Ich verlasse den Dampfer. Ich sitze auf einem winzigen Schiff. Zwei Träger schlafen neben mir einen weichen Schlaf auf einem gerollten Bündel dicker Taue. In vier, fünf Tagen sind wir in Astrachan. Der Kapitän hat seine Frau schlafen geschickt. Er ist seine eigene Bemannung. Jetzt brät er einen Schaschlik. Wahrscheinlich wird er fett und hart sein, und ich werde ihn essen müssen. –

*

Bevor ich ausstieg, beschrieb der Amerikaner mit dem Zeigefinger einen großen Bogen, zeigte auf die kalk- und lehmhaltige Erde und auf den sandigen Strand und sprach:

«Wieviel kostbares Material liegt hier ungenützt! Welch ein Strand für Erholungsbedürftige und Kranke! Welch ein Sand! Wenn all dies mitsamt der Wolga in der zivilisierten Welt läge!»

«Wenn das in der zivilisierten Welt gelegen wäre, würden hier Fabriken dampfen, Motorboote rattern, schwarze Kräne schweben, die Menschen würden krank werden, um sich dann zwei Meilen weiter im Sand zu erholen, und es wäre sicherlich keine Wüste. In einer bestimmten hygienisch einwandfreien Entfernung von den Kränen lägen Restaurants und Cafés hingestreut, mit ozonhaltigen Terrassen. Die Musikkapellen müßten das «Lied von der Wolga» spielen und einen schmissigen

Wolga-Wellen-Charleston, Text von Arthur Rebner und Fritz Grünbaum …»

«Ah, Charleston!» rief der Amerikaner und freute sich. –

Vierter Teil der Serie «Reise in Rußland», Frankfurter Zeitung, 5. Oktober 1926

Die Wunder von Astrachan.

In Astrachan beschäftigen sich viele Menschen mit Fischfang und Kaviarhandel. Der Geruch dieser Tätigkeit ist in der ganzen Stadt verbreitet. Wer nicht nach Astrachan kommen muß, der vermeidet es. Wer einmal nach Astrachan gekommen ist, der bleibt nicht lange dort. Zu den Spezialitäten dieser Stadt gehören die berühmten Astrachaner Pelze, die Lammfellmützen, der silbergraue «Persianerpelz». Die Kürschner haben viel zu tun. Sommer und Winter (der Winter ist hier auch warm) tragen Russen, Kalmücken und Kirgisen Pelze.

Man erzählt mir, daß reiche Leute vor der Revolution in Astrachan gelebt haben. Ich kann es nicht glauben. Man zeigt mir ihre Häuser, von denen einige im Bürgerkrieg vernichtet wurden. An den Trümmern erkennt man noch ihre gewesene geschmacklose und prahlerische Größe. Von allen Eigenschaften eines Bauwerks erhält sich die Prahlsucht am längsten, und noch der letzte Ziegelstein protzt. Die Erbauer sind geflüchtet, sie leben im Ausland. Daß sie mit Kaviar gehandelt haben, ist begreiflich. Aber weshalb wohnten sie hier, wo der (schwarze, blaue und weiße) Kaviar wächst und wo die Fische so unbarmherzig stinken?

In Astrachan steht ein kleiner Park mit einem Pavillon in der Mitte und einer Rotunde in der Ecke. Am Abend zahlt man Eintrittsgeld, geht in den Park und riecht die Fische. Weil es dunkel ist, meint man, sie hängen in den Bäumen. Die Kino-Vorstellungen finden unter freiem Himmel statt, die primitiven Kabaretts ebenfalls. In einigen Kabaretts spielen Musikkapellen heitere Lieder aus vergangenen Zeiten. Man trinkt Bier und ißt die billigen rosaroten Krebse. Es vergeht keine Stunde, in der man sich nicht nach Baku sehnen würde. Leider verkehrt der Dampfer nur dreimal in der Woche.

Um intensiver an den Dampfer denken zu können, gehe ich zum Hafen. Vom Hafen Nr. 18 wird man nach Baku fahren dürfen. Übermorgen. – Wie weit ist Übermorgen! – Kalmücken rudern in Booten, Kirgisen führen Kamele am bekannten Halfterband in die Stadt, Kaviarhändler lärmen im Kontor, ahnungslose Bauern lagern im Grün, zwei Tage, zwei Nächte, und warten auf das Schiff, Zigeuner spielen Karten. Weil man hier so deutlich sieht, daß noch kein Dampfer kommt, ist die Stimmung im Hafen trauriger als in der Stadt. Eine entfernte Ahnung von Abreise gewährt eine Droschkenfahrt. Die Droschkensitze sind schmal, ohne Rückenlehne, lebensgefährlich, ohne Dach, die Pferde tragen lange weiße Ku-Klux-Klan-Gewänder gegen den Staub – als gingen sie zum Turniere. Die Kutscher verstehen sehr wenig Russisch und hassen das Pflaster. Sie fahren durch die sandigen Straßen, weil ja das Pferd bekleidet ist. Der Fahrgast, der in einem dunklen Anzug abfährt, kommt in einem silbernen an. Wer einen weißen angezogen hatte, trägt am Ziel einen taubengrauen. Die für Astrachan ausgerüstet sind, tragen wie die Pferde lange Staubmäntel mit Kapuzen. In der spärlich beleuchteten Nacht sieht man, wie Gespenster von gespenstischen Pferden gefahren werden.

Ungeachtet dessen gibt es eine technische Hochschule, Bibliotheken, Klubs und Theater in Astrachan, Gefrorenes unter einer schaukelnden Bogenlampe, Früchte und Marzipan hinter bräutlichen Gazeschleiern. Ich betete um eine Linderung der Staubplage. Am nächsten Tag schickte Gott einen Platzregen. Die Decke meines Hotelzimmers, von Staub, Wind und Dürre verwöhnt, fiel erschrocken auf den Fußboden. Um so viel Regen hatte ich nicht gebetet. Es donnerte und blitzte. Die Straße war nicht mehr zu erkennen. Die Droschken rollten stöhnend bis zur Mitte der Räder im Schlamm, von den Felgen troffen graue, schwere, weiche Klumpen. Die Gespenster schlugen die Kapuzen zurück und spannten wohlbekannte menschliche Geräte auf. Auf dem Pflaster der Hauptstraße konnten zwei nicht aneinander vorüber. Einer mußte umkehren und mindestens fünf Meter zurückgehen, damit der andere passiere. Die Straße überquerte man in periodischen Sprüngen. Es war ein Glück, daß es nur e i n e nennenswerte Straße gab, in der sich die notwendigsten Einrichtungen befanden: Hotel, Schreibpapier, die Post und die Konditorei.

In jenen Astrachaner Tagen schien mir die Konditorei die wichtigste Institution zu sein. Sie wurde von einer polnischen Familie betrieben, die ein unerbittliches Schicksal von Czenstochau hierher verschlagen hatte. Ich beschrieb den Frauen ausführlich die Kleider, die man in Warschau trägt. Auch über die polnische Politik wußte ich divinatorisch viel zu sagen. Bedenken, die man in Astrachan in bezug auf einen Krieg zwischen Polen, Rußland und Deutschland hegte, konnte ich mit beredter Geschicklichkeit zerstreuen. In Astrachan bin ich ein amüsanter Plauderer.

Ohne diese Konditorei hätte ich nicht arbeiten können, das wichtigste Schreibmaterial ist Kaffee. F l i e g e n aber sind überflüssig. Und dennoch waren sie dabei, morgens, mittags, abends. Die Fliegen, nicht die Fische, machen achtundneunzig Prozent der Astrachaner Fauna aus. Sie sind ganz nutzlos, kein Handelsobjekt, niemand lebt von ihnen, sie leben von allen. In dikken schwarzen Schwärmen lagern sie auf Speisen, Zucker, Fensterscheiben, Porzellantellern, Überresten, auf Sträuchern und Bäumen, auf Kotlachen und Misthaufen und selbst auf kahlen Tischtüchern, auf denen ein menschliches Auge nichts Nahrhaftes sehen kann. Verschüttete Suppen, längst trockene Bestandteile des Stoffes, können die Fliegen aus den Molekülen schlürfen wie aus Löffeln. Auf den weißen Hemdblusen, die hier die meisten Männer tragen, sitzen tausende Fliegen, sicher und versonnen, sie fliegen nicht auf, wenn sich ihr Wirt bewegt, sie sitzen zwei Stunden auf seinen Schultern, sie haben keine Nerven, die Fliegen von Astrachan, sie haben die Ruhe großer Säugetiere, etwa der Katzen, und ihrer Feinde aus der Insektenwelt, der Spinnen …

Es wundert mich und ich bedaure es, daß diese intelligenten und humanen Tiere nicht in großen Scharen nach Astrachan kommen, wo sie nützliche Mitglieder der menschlichen Gesellschaft werden könnten. Zwar leben acht Kreuzspinnen in meinem Zimmer, stille, kluge Tiere, freundliche Genossen durchwachter Nächte. Am Tag schlafen sie in ihren Wohnungen. In der Dämmerung beziehen sie ihre Posten – zwei, die wichtigsten und die gefährlichsten, in der Nähe der Lampe. Lange und geduldig sehen sie ahnungslosen Fliegen zu, mit feinen haardünnen Beinen klettern sie an Stricken aus Nichts und Speichel, flicken und geben acht, umkreisen ein Tier auf weiten, weiten Umwegen, klammern sich geschickt an vorspringende Sandkörnchen der Wand, arbeiten schwer und geistreich – – aber wie gering ist der Lohn! Tausend Fliegen summen im Zimmer, ich wünsche mir zwanzigtausend giftige Spinnen her, eine Armee von Spinnen! Bliebe ich in Astrachan, ich würde sie züchten und ihnen mehr Sorgfalt zuwenden als dem Kaviar.

Aber die Menschen in Astrachan kümmern sich nur um diesen. Sie fühlen die Fliegen gar nicht. Sie sehen zu, wie diese mörderischen Insekten auf ihrem Fleisch, ihrem Brot, ihren Früchten herumnagen, und rühren keine Hand. Ja, während auf ihren Bärten, Nasen und Stirnen Fliegen spazieren, reden sie gemütlich und lachen. In der Konditorei hat man jeden Kampf gegen Fliegen aufgegeben, man schließt nicht einmal die Glaskästen, nährt sie reichlich mit Zucker und Schokolade, man verwöhnt sie geradezu. Das Fliegenpapier, das ein Amerikaner erfunden hat und das ich von allen Segnungen der Kultur am tiefsten haßte, erscheint mir in Astrachan als ein Werk edler Humanität. Aber es gibt in ganz Astrachan kein einziges Stück jener köstlichen gelben Materie. Ich frage in der Konditorei: Warum haben Sie kein Fliegenpapier? Die Menschen gebrauchen Ausflüchte und sagen: Ach, wenn Sie doch Astrachan vor dem Krieg gesehen hätten, noch zwei Monate vor der Revolution! – Der Gastwirt sagt es und der Händler. Aus passiver Resistenz unterstützen sie die reaktionären Fliegen. Eines Tages werden diese kleinen Tiere das große Astrachan aufessen, die Fische und den Kaviar.

Den Fliegen von Astrachan ziehe ich die Bettler vor, deren es hier mehr gibt als in jeder anderen Stadt. Sie wandeln, laut schluchzend, singend, ihre Leiden ausschreiend, langsam durch die Straßen, gleichsam hinter ihrer eigenen Leiche, ergießen sich in alle Bierhallen, bekommen nur von mir eine Kopeke – – und von dieser einen Kopeke leben sie! Von allen Astrachan-Wundern sind sie das Erstaunlichste …

Fünfter Teil der Serie «Reise in Rußland», Frankfurter Zeitung, 12. Oktober 1926

Das Völker-Labyrinth im Kaukasus.

Wir landen am Abend in Baku. Das ist die Hauptstadt Aserbeidschans und des Petroleums. Sie besteht aus einem neuen (europäischen) und einem alten (asiatischen) Teil. Die europäischen Straßen sind breit, hell und heiter. Das asiatische Baku ist kühl, dunkel und beklemmend. Vor die breiten, stolzen, schönen Bogenfenster sind dichte Drahtgitter gespannt. Jedes Haus ist ein Palast, und alle Paläste sind Gefängnisse. Junge Mohammedanerinnen tragen weiße und blaue Tücher vor dem Mund; sie sehen aus wie eingemauert: jede ihr eigenes Gefängnis. Den mohammedanischen Bettlern vor dem großen Tor der alten Stadt braucht man nichts zu schenken: sie sind Ornamente. Alte Sejiden, Nachfolger Mohammeds, im weißen, dickgeflochtenen Turban, kauen Sonnenblumenkerne. Die leichtsinnigen Schalen bleiben in den gelblichgrauen Bärten hängen. Dumme, unbegabte Händler sitzen auf Steinen, zehn Blätter vergilbten Briefpapiers liegen vor ihnen, nichts tun sie für ihre Waren. Hinter finstern, langen und schmutzigen Hausfluren leuchten weiße Höfe aus Stein, mit Zierbrunnen, weit, märchenhaft, rechteckig, langweilig. Es scheint mir, daß die tausendundeins Nächte in Baku ein verlorener Posten sind: einige Kilometer weiter spritzt Petroleum aus der Erde …

Dennoch ist der Marktplatz exotisch: viele schmale und schmutzige Gassen; Passagen, die als Markthallen verwendet werden; unzählige kleine Kaufläden mit Schildern in türkischer, persischer, armenischer Sprache. Was ist das für ein bekannter, lateinisch gedruckter Name? Wer heißt hier «Levin»? Mit Vornamen «Arvad Darzah» allerdings? Es ist ein Bergjude. Er handelt mit Sohlenleder. Obwohl er der Rasse nach ein Tatte ist, also nicht einmal Semit, spricht er dennoch ein mangelhaftes Deutsch. Vorbeiwandernden Kamelen bläst er aus einer langen Pfeife Rauch in die traurigen Gesichter. Welch unwahrscheinlich pathetische Tiere! Ihre Dummheit ist von einer ganz besonderen Art: es ist eine feierliche Dummheit. Vielleicht wirken sie in der Wüste natürlicher. Dieser exotische Marktplatz – für Kamele ist er noch immer nicht exotisch genug. Vor dem Laden des Genossen Levin sehen sie aus wie mißlungene Pferde.

Es riecht nach brennendem Fell. An der Ecke ist die «Kuschetschnaja», ein Schnell-Imbiß. Das Fett der Lämmer wird, glaube ich, über Gebühr gewürdigt. Es schmort prasselnd über offenem Feuer. Vorläufig bohrt der Verkäufer in der Nase. Ich passiere ein Durchgangshaus. Menschen wohnen in weitgeöffneten Läden. Halbnackte Frauen schaukeln hart und hastig über zischenden Wascheimern. Greise schlummern auf den Steinen. Ein ruhiges Alter ist ihnen beschieden. Kinder spielen Karten in einem Tümpel. Achtung! Nicht zertreten! Verkäufer rufen mir nach. Was soll ich kaufen? Orientalische, flache, ungesäuerte Brote, «Mazzes» der Juden; einen grusinischen Gürtel für sechs Rubel, ein dünnes Leder, silberne Platten hängen daran, eine «Akquisition» für Engländer; einen Dolch in tulasilberner Scheide; grüne Schnürsenkel. Haarnadeln soll ich mir anschaffen, Manschettenknöpfe mit türkischen Segenssprüchen, einen Tabakbeutel aus Ziegenleder, einen Kranz Knoblauch, ein Lendenstück von einem Hammel, frischgeschlachtet, blutrot, appetitlich, runden Schafskäse, Uhren ohne Zeiger, falsche Juwelen, giftgrüne Hosenträger, äußerst schlaffe Symbole der Zivilisation. Lastträger vom Hafen, groß, stark, schwarz, mit Bartstoppeln in traurigen und müden Gesichtern, stehen mir im Weg. Von Stand zu Stand gehen sie langsam. Es ist keineswegs ihre Absicht, zu kaufen: Erfahrungen wollen sie sammeln. Halbwüchsige Jungen tragen Erfrischungswasser in irdenen Krügen auf dem Kopfe. Ihre Füße laufen, ihre Köpfe stehen. Die Gefäße ruhen sicher wie auf eisernen Sockeln. Barfüßige Mädchen, ansichtskartenhaft, gehen um Wasser zu Brunnen, durstige Eimer hängen am Tragholz, das quer über der rechten Schulter liegt. Die Repräsentanten der kaukasischen Bergvölker tragen riesige, wilde, zottelige Pelzmützen. Was haben, frage ich vergeblich, diese Mützen für einen Zusammenhang mit den Bergen?

Es wimmelt hier von schweren Pelzmützen, die meisten kaukasischen Völker sind hier vertreten. Und wieviele gibt es auf dem riesigen Gebiet des Kaukasus, auf den 455 000 Quadratkilometern? Vierzig bis fünfundvierzig zählte ein veralteter Führer. Im nördlichen Kaukasus allein mußten nach der Revolution neun Republiken errichtet werden. Daß dort die Nogaier, die Kara-Nogaier (schwarze Nogaier), die Turkmenen (die heute noch Nasenringe tragen) und die schöngebildeten Karatschaier leben, wußte ich. Daß in Kurdistan die Kurden, in Karabach die Armenier wohnen, haben wir alle gelernt. Von wievielen Völkern aber weiß mir ein Gelehrter, der finnische Philologe Siimumagi, im Aserbeidschanischen Forschungsinstitut zu erzählen! Er kennt die Mugalen und Lesginen, kunstfertige Handwerker, digestanischer Rasse; im Kubruischen Ujezd allein fünf kleine

Stämme: die Chaputlinzen, die Chinalupzen, die Buduchzen, die Tschekzen, die Krislen; die 50 000 Kuriner, südlich von den Lesginen; die Tatten, die ein Rest alter Perser sind – im 6. und 7. Jahrhundert als lebendige Wälle gegen Chasaren und Hunnen angesiedelt; im Bezirk Nucha die Wartäschen und Nidseh; die Talyschen im Lengoran-Bezirk. In den muganischen Steppen leben die russischen Bauernsekten, der Zar hat sie zwangs- und strafweise hier angesiedelt: die Duchoborzen, Molokaner, Starowierzy und Sobotniki. In den reichen Weinbaudörfern Geudscha und Schamachow leben Landsleute, Schwaben. Sie sind zum großen Teil menonitischen Glaubens. In den Dörfern Priwolnaja und Pribosch leben die interessantesten Juden der Welt: nämlich die rein-arischen. Es sind russische Bauern, die früher einmal Sobotniki waren, Sabbat-Heiliger. Als sie von der offiziellen Kirche und den Behörden verfolgt wurden, gingen sie aus Zorn und Trotz zum Judentum über. Sie nennen sich selbst «Gerim» (hebräisch: «Fremde»), sehen slawisch aus, leben von Ackerbau und Viehzucht und sind neben den weißrussischen, semitischen, «echten» Juden die frömmsten der Sowjet-Union.

Ein Rassenantisemit käme diesen Juden gegenüber in eine große Verlegenheit. Eine noch größere würden ihm die «Bergjuden» bereiten. Ich habe sie besucht. Sie sind, obwohl ihre Orthodoxen es selbst behaupten, keine Semiten, – meint die Wissenschaft. Sie gehören der tattischen Rasse an. Ich erfahre, daß die Zionisten vor dem Krieg Verbindungen mit den Bergjuden angeknüpft haben. Es erwies sich, daß der bergjüdische Klerus – im Gegensatz zu seinen semitischen ostjüdischen Kollegen orthodoxer Prägung – dem Zionismus freundlich gesinnt war. Der Krieg hat diese Beziehungen unterbrochen, die Revolution hat sie zerstört. Die kommunistische bergjüdische Jugend ist nicht nur antiklerikal, sondern zeigt auch Nationalbewußtsein – nämlich tattisches, nicht etwa jüdisches. Unsere Stammesgenossen, sagen die jungen Bergjuden, sind nicht etwa die Juden der Welt, sondern die mohammedanischen und armenisch-katholischen Tatten. Man hat also jetzt die ersten Schulen – vorläufig zwei – mit tattischer Unterrichtssprache eröffnet. Eine tattische Schrift hat es niemals gegeben. Man kam auf den unpraktischen Ausweg – hebräische Schriftzeichen für die tattische Sprache zu verwenden. Indessen haben sogar die Türken das lateinische Alphabet angenommen.

Nach einer – immer noch bestrittenen – Theorie sind die Völker des Kaukasus japhetitischer oder alarodischer Rasse. Japhetiter sollen einmal alle Mittelmeergebiete bevölkert haben, die biblischen Chetiter waren Japhetiten, die Urarto oder Chalden, die Nairi und Mittani, die in den assyrischen Keilinschriften vorkommen, die Urbevölkerung von Cypern und Kreta, die Pelasger, die Etrusker und Ligurier, die Iberier – und ihr heutiger Überrest: die pyrenäischen Basken. Indoeuropäer haben die Japhetiten verdrängt, Iraner kamen in den Kaukasus, iranisierten die von den Sassaniden angesiedelten Stämme, die Araber brachten ihnen den Islam, die Türken die türkische Sprache. Eine allgemeine Assimilation ist niemals gelungen. In den unzugänglichen Schluchten und Tälern des Kaukasus leben die letzten Überreste einer sonst längst verschwundenen Exotik, längst verrauschter Kulturen. Die ganze Entwicklung des Menschengeschlechts ist an lebendigen Exempeln im Kaukasus zu sehen: der Weg vom primitiven Höhlenbewohner zum seßhaften Ackerbauer, vom kriegerischen Nomaden zum friedlichen

Hirten, vom wilden Jäger zum pazifistischen Duchoborzen, der vegetarisch aus Religion ist …

*

Alle diese Völker haben heute vollkommen nationale Autonomie – soweit sie auf der Kulturstufe angelangt sind, auf der sie selbst Autonomie fordern. Von allen Postulaten der Demokratie und des Sozialismus ist das der Gleichberechtigung nationaler Minderheiten in Rußland glänzend, vorbildlich erfüllt worden. Die Lösung der Minderheitenfrage hat gerade im Kaukasus zu schweren Komplikationen geführt: in einer einzigen mittelgroßen Stadt befanden sich manchmal die Zentralbehörden dreier Republiken. Eine Stadt bildete also in Wirklichkeit drei Städte. Und jede, auch die kleinste Nation bestand auf ihren Rechten. Ein neugewecktes Nationalbewußtsein wächst sich leicht zu Nationalismus aus. Es wäre vielleicht praktischer gewesen, alle diese Nationen auf eine geeignete Weise zu russifizieren – die zaristische Regierung hat es nicht vermocht. Heute ist es zu spät – oder noch zu früh. Man hat vorläufig mit großer Mühe aus einem Völkergewirr ein nationales Labyrinth geschaffen: es ist kompliziert, aber systematisch. Der Fremde verirrt sich, aber die Einheimischen finden sich zurecht. Und wenn heute die Naganzen, die heute noch ihr Ungeziefer verzehren, von ihren Bergen herabstiegen und eine beschränkte und ihnen angemessene Autonomie verlangten – sie bekämen sie. Prinzipiell kann in den Sowjetstaaten jeder Stamm auf seine Fasson «national» werden.

Die zaristische Regierung hat von den Besonderheiten des Kaukasus gar nichts verstanden. Die zaristischen Großfürsten und Fürsten, die Polizeigouverneure und Generäle betrachteten die Eingeborenen als «Wilde», die man von eigenen Soldaten erschießen läßt, wenn sie aufmucken, von «feindlichen», wenn Krieg ausbricht. Die Vorstellungen eines zaristischen Statthalters von dem Volk, das er beherrscht, waren noch primitiver als die Vorstellungen, die sich diese Untertanen vom Zaren machen mußten. Ich habe in den Bibliotheken von Tiflis und Baku einige «Memoiren» gelesen, deren Verfasser hohe Würdenträger im Kaukasus gewesen waren. Alle ihre Beobachtungen stehen auf dem Niveau jener berüchtigt gewordenen des englischen Reisenden Hanway aus der Mitte des 18. Jahrhunderts: «Die Kalmücken haben eine ähnliche Gesichtsbildung wie die Chinesen, sind aber noch frecher und wilder» ...

Derartige Vertreter russischer Kultur haben freilich keinesfalls russifizieren können. Es lag dem Zaren ja auch gar nicht an der russischen Kultur – sie war ja sogar in Großrußland verboten. Es lag [ihm] an den Steuern, den Bodenschätzen, dem Brot.

Es ist nicht anzunehmen, daß die Geschichte im Kaukasus einmal einen verkehrten Weg gehen wird: nicht Stämme zu Nationen zu vereinigen, sondern aus kleinen Stämmen ebenso viele neue Nationen zu bilden. Es ist gewiß, daß diejenigen kaukasischen Völker, die schon ein starkes kulturelles Hinterland haben, ihre nationale Kultur weiterbilden werden. Aber die Tatten, die Kumyken, die Tschetschenzen werden eines Tages in den großen Nachbarvölkern aufgegangen sein. Man glaubt, daß der lange Weg einer Assimilation eines primitiven Volkes an ein hochstehendes mit einem eigenen neuen Nationalbewußtsein beginnt, mit einem eigenen neuen Lehrbuch für die erste Volksschulklasse. Auch der Weg zur großen, noch sehr fernen Internationalität beginnt beim eigenen Alphabet. Die Muttersprache vermittelt die Weltsprache, das Nationalgefühl breitet sich aus zum Weltgefühl.

Die Verleihung der nationalen Autonomien war nicht nur ein kommunistisches Gebot. Sie war auch eine politische Klugheit. Denn: was lernen heute die neuen Nationen in ihren neuen nationalen Lehrbüchern? – Die Geschichte und den Ruhm der Revolution. Den primitiven Menschen besticht die nationale Idee manchmal eher als die kommunistische. Nun trägt aber der Kommunismus nationale Züge, der Patriotismus kommunistische. Wer hinter der nationalen Fahne marschiert, folgt auch der internationalen roten. Nationalgefühl und kommunistische Weltanschauung sind bei der Jugend der meisten kaukasischen Völker beinahe synonyme Begriffe. Dem Kommunismus gelang, was die absolute Monarchie nicht vermochte, wohl auch nicht gewollt hatte: die absolute nationale Sicherheit. In Baku gibt es keine Armenierpogrome mehr, in Weißrußland und der Ukraine keine Judenpogrome. So schwach und schwankend die alte Regierung gerade im Kaukasus war, so stark und sicher ist dort die neue. In Tiflis sah ich das Leichenbegängnis eines Offiziers; vor den militärischen Ehrenkompanien zwanzig Doppelreihen in grusinischer Nationaltracht – Pelzmützen, Säbel, Patronengürtel, Pistolen, Dolche. Es war ein nationaler Verein, dem der Tote angehört hatte. An der Spitze der nationalen Grusinier wehte die rote kommunistische Fahne.

Die Vorstellung, daß ein kaukasischer Bauer etwa heute noch nicht wüßte, «ob der Zar oder Lenin regierte», ist falsch. Die Petroleumgebiete industrialisieren, die Rote Armee revolutioniert alljährlich ein neues Bauerngeschlecht. Im westlichen Teil

Georgiens, in Gurien, – die Kultur dieses Landes ist allerdings tausend Jahre älter als die russische – waren die Bauern durch eine harte, auch noch über das Jahr 1864 andauernde Leibeigenschaft gezwungen worden, in die Industriezentren abzuwandern. 1902, beim Batumer Streik, wurden 19 Gurier erschossen, die Heimat nahm Rache, Militär konnte ein ganzes Jahr lang nichts gegen die bewaffneten Bauern ausrichten, die Polizei wurde verjagt und getötet, man führte eine eigene Verfassung ein, sozialisierte große Strecken Landes, gab den Frauen gleiche Rechte, studierte Marx in öffentlichen Versammlungen – während der Tifliser Statthalter ohnmächtig zusah. Erst im Dezember 1905 wurde mit Hilfe großer Militärtruppen das Land auf eine echt russische Weise «beruhigt».

Heute ist die alte grusische Aristokratie zum Teil geflüchtet, zum Teil in den Nep-Mann-Stand abgewandert. Die schmucken Gestalten in den exotischen Uniformen stehen vor den Nachtlokalen des Montmartre. In den russischen Städten tragen sie Zivil und machen Geschäfte mit kleinen Händlern. Vor acht Jahren hätte ein kaukasischer Edelmann den kleinen Mann ungestraft verprügeln können, der heute sein Kompagnon ist. In den Straßen von Tiflis sieht man wohlgebaute Herren mit gestikulierenden Juden aus Minsk und Griechenland verhandeln. Chasaren, Hunnen, Byzantiner, Araber, Tataren, Mongolen, Perser, Türken, Seldschuken haben Tiflis abwechselnd bis zum Jahre 1795 erobert. Dann aber kam eine Pause. Seit 1923 herrschen die Nep-Männer.

In Baku sind die Chancen noch besser. Auf dem lebhaften Boulevard lustwandelt eine ganze Börse. Man sitzt in den Restaurants, deren Bogenlampen sich im Kaspischen Meer spiegeln. Man sieht die ankommenden Schiffe, die Waren abladen werden. Wie angenehm läßt sich da kalkulieren! Man hört aus den gewölbten Zelten, die wie große Souffleurkästen aussehen, die weinende türkische Musik, die Töne des «Sas» und des «Tar», die auf der schmalen Grenze zwischen Wildheit und Sentimentalität dahinziehen … und macht Geschäfte. –

Siebter Teil der Serie «Reise in Rußland», Frankfurter Zeitung, 26. Oktober 1926

Wie sieht es in der russischen Straße aus?

Auf den ersten Blick erscheinen die Straßen der russischen Städte bunt und lebhaft. Viele Frauen tragen rote Kopftücher glatt auf dem Haar, im Nacken breit geknotet. Es ist die einzige, übrigens praktische Galanterie der Revolution. Die alten Frauen verjüngt das rote Tuch, den jungen verleiht es einen kühnen erotischen Elan. Von einigen Häusern wehen rote Fahnen. Über Türen und Schildern steht der rote Sowjetstern. Die Plakate vor den Kinotheatern sind von einer naiven, ländlichen Farbenfreude. Die Menschen stauen sich vor den Schaufenstern, sie lieben es, in Serpentinen zu wandeln, es ist ein großer Reichtum an Bewegungen. In einem absichtlichen, wahrscheinlich pädagogischen Gegensatz zu den Passanten demonstrieren die öffentlichen Verkehrsmittel Tempo, Rasanz, «Amerika». Es gibt gute englische Autobusse modernster Konstruktion, leichter und gediegener als die Berliner und Pariser. Glatt und hurtig sausen sie dahin – auf dem furchtbarsten Pflaster der Welt: dem russischen, das wie ein steiniger, festgestampfter Meeresstrand ist. Die Straßenbahnen klingeln ganz hell, wie Wecker. Die Automobile piepsen schrill, wie junge Hunde. Die Droschkenpferde schnalzen lustig mit den Hufen. Die fliegenden Händler schreien und singen ihre Waren aus – sie machen sich selbst mehr Courage als dem Käufer. Über den Dächern glänzen die Märchenkuppeln der russischen Kirchen, blühen die goldenen Zwiebeln, Früchte eines bunten, seltsamen, exotischen Christentums.

Dennoch empfinde ich die russische Straße grau. Die Masse, die sie bevölkert, ist grau. Sie verschlingt das Rot der Tücher, der Fahnen, der Abzeichen und den goldenen Abglanz der Kirchen-Dächer. Es sind lauter arm und wahllos angezogene Menschen. Es weht ein großer, in seiner Nüchternheit überwältigender, in seiner Dürftigkeit pathetischer Ernst von ihnen. Die russische Straße erinnert an die Szenerie eines sozialen Dramas. Es erfüllt sie ein Geruch von Kohle, Leder, Speise, Arbeit und Mensch. Es ist die Atmosphäre der Volksversammlungen.

Es ist immer noch, als hätte man vor einigen Stunden erst die Tore der Stadt geöffnet und die der Fabriken, die engen Türen der Gefängnisse und die pompösen Portale der Bahnhöfe; als hätte man erst vor einer Stunde Schranken aufgehoben, Lokomotiven in Bewegung gesetzt, Tunnel durchbrochen, Ketten gesprengt: als hätte man eben erst die Masse befreit, als wäre ganz Rußland auf den Beinen. Ihm fehlt noch das heitere Weiß, das die Farbe der Zivilisation ist, wie Rot die Farbe der Revolution. Ihm fehlt der helle Frohsinn, den nur eine alte formvollendete Welt hervorbringt, niemals eine werdende. Ihm fehlt die Leichtigkeit, die ein Kind des Überflusses ist. Hier sieht man nur Not – oder Notwendiges. Es kommt mir vor, daß ich durch Äkker gehe, in denen lauter Kartoffeln wachsen, bitter gebrauchte, reichlich gesäte.

Vieles ist improvisiert: hölzerne Buden der Stiefelputzer mit schwarzen und braunen Schnürsenkeln, mit kleinen armseligen Pyramiden aus Schuhpasta-Schachteln; mit grauen großen Gummi-Absätzen, Hufeisen für Menschen. Ein Mann bleibt stehen, hebt einen Fuß und läßt sich beschlagen. Die Funken sprühn in der Dämmerung, während der Schmied, der ein

Schuster ist, den Hammer schwingt. Frauen in dicken Kleidern hocken auf dem Pflaster und verkaufen Sonnenblumenkerne. Für zwei Kopeken erhält man ein volles Glas, gewissermaßen mit Schaum. Jeder fünfte Mensch sprüht die grauen Schalen um sich her. Ein Trupp obdachloser, malerischer, zerfetzter Kinder schlendert, läuft, sitzt in den Straßen. Bettler aller Art und Größe spähen raubgierig nach edlen Herzen. Es gibt Melancholiker mit dem bekannten stummen Anklage-Blick, Klerikale, die mit dem Jenseits drohen und zu den Melodien der Kirchenlieder eigene Texte singen, Frauen mit Kindern und Kinder ohne Frauen, Amputierte und Simulanten. Da sind kleine provisorische Läden mit geteilten Schaufenstern. Links liegen Uhren, rechts schaukeln Damenhüte auf Stengeln. Links liegen Hämmer, Messer, Nägel, rechts sind Büstenhalter, Strümpfe, Taschentücher.

Dazwischen schiebt sich die Menge: Männer in billigen Blusen, viele in Lederjoppen, alle mit braunen und grauen Mützen, in grauen, braunen, schwarzen Hemden; viele Bauern und halbe Ländlichkeit, die erste Generation, die auf dem Straßenpflaster gehen gelernt hat; Soldaten in langen, gelben Mänteln, Milizmänner in dunkeln, in dunkelroten Mützen; Männer mit Aktentaschen, auch ohne diese Werkzeuge als Funktionäre erkennbar; alte Bürger, die justament beim weißen Kragen bleiben, den Hut noch tragen, ein schwarzes Bärtchen – die Mode der russischen Intelligenz der neunziger Jahre – und den unvermeidlichen Zwicker am dünnen goldenen Kettchen, das die Ohrmuschel vom Schädel abgrenzt; Debattierende, die in den Klub gehn, ihn schon unterwegs eröffnen; ein paar ängstliche, sehr primitive Mädchen der Liebe, Etappen-Typus; sehr selten eine gut angezogene Frau; niemals ein unbeschäftigter Mensch, niemals ein Mensch, dem man es ansehn würde, daß er gar keine Sorgen hat. Aus allen weht der Atem eines arbeitsreichen oder eines problemreichen Lebens. Entweder man ist Arbeiter oder Funktionär oder Büro-Angestellter. Man ist aktiv oder man wird erst aktiv. Man ist in der Partei oder man bereitet sich gerade vor, in die Partei aufgenommen zu werden. (Und selbst die «Parteilosigkeit» ist noch eine Art Aktivität.) Man fixiert immer seine Stellung zur neuen Welt. Man korrigiert seinen Standpunkt. Man ist niemals ganz Privatmensch. Man ist immer ein sehr bewegter Bestandteil der Gesellschaft. Es wird organisiert, es wird gespart, es wird eine Kampagne eröffnet, eine Resolution gefaßt, eine Delegation erwartet, eine Delegation begleitet, es wird einer ausgeschlossen, ein anderer aufgenommen, es wird gesammelt, abgeliefert, gestempelt – – es wird, es wird, es wird! Die ganze Welt ist ein ungeheurer Apparat. Jeder Greis, jedes Kind ist beteiligt und verantwortlich. Es ist ein großes Bauen und Zuschütten und Ziegeltragen, hier liegen Trümmer, dort liegt neues Baumaterial – – und alle Menschen klettern auf Gerüsten, stehen auf Leitern, steigen auf Treppen, reparieren, bauen ab, schütten zu. Noch steht niemand frei und souverän auf der Erde.

Deshalb erscheinen mir manchmal die Straßen selbst der ältesten russischen Städte (von Kiew und Moskau) wie Straßen in einem Neuland. Sie erinnern mich an die jungen Städte aus amerikanischen Westkolonien, an diese Atmosphäre von Rausch und ständiger Geburt, von Glücksjagd und Heimlosigkeit, von Kühnheit und Opfermut, von Mißtrauen und Furcht, von primitivstem Holzbau neben kompliziertester Technik, von romantischen Reitern und nüchternen Ingenieuren. Die Menschen sind auch hier von allen Seiten des großen Landes zusammengeströmt (in jeder Stadt wechselt die Bevölkerung jedes Jahr), Hunger, Durst, Kampf und Tod liegen hinter ihnen, ein blaues, aber ein sehr weites Morgen liegt vor ihnen. Das Heute bilden: Holzlatten, abgebrochene Kreuze, zerrissene Häuser, Stacheldraht vor Gärten, neue Gerüste vor halbfertigen Bauten, alte Denkmäler, von Empörung vernichtet, neue, von allzu hastigen Händen erbaut, Tempel, in Klubs verwandelt, noch kein Klub, der einen Tempel ersetzte, zertrümmerte Konvention und eine langsam werdende neue Form. Manches ist allzuneu, funkelnagelneu, zu sehr neu, um sehr alt zu werden, es trägt das Zeichen von Amerika an der Stirn – von Amerika, dessen Technik das vorläufige Ziel der neuen russischen Baumeister ist. Die Straße hastet vom schläfrigen Orient zum westlichsten Westen, vom Bettler zur Lichtreklame, vom langsamen Droschkengaul zum ratternden Autobus, vom «Iswoschtschik» zum Chauffeur. Noch eine ganz kleine Wendung – und diese Straße führt direkt nach New York.

Ich gestehe beschämt, daß mich manchmal in diesen Straßen eine ganz bestimmte Trauer befällt. Mitten in der Bewunderung für eine Welt, die aus eigener Kraft, mit mehr Ekstase als Material, ohne Geld und ohne Freunde, Zeitungen druckt, Bücher schreibt, Maschinen baut und Fabriken, Kanäle gräbt, nachdem sie kaum noch ihre Toten bestattet hat – – mitten in der Bewunderung ergreift mich ein Heimweh nach unserem Leichtsinn und unserer Verwerflichkeit, eine Sehnsucht nach dem Aroma der Zivilisation, ein süßer Schmerz um unsere wissenschaftlich schon ausgemachte Dekadenz, ein kindischer, dummer, aber inbrünstiger Wunsch, noch einmal eine Modeschau bei Moulineux zu sehen, ein holdseliges Abendkleid auf einem törichten Mädchen, eine Nummer vom «Sourire» und den ganzen Untergang des Abendlandes: wahrscheinlich ist das ein bourgeoiser Atavismus.

Achter Teil der Serie «Reise in Rußland», Frankfurter Zeitung 31. Oktober 1926

Rußland geht nach Amerika.

Wer in den Ländern der westlichen Welt den Blick nach dem Osten erhebt, um den roten Feuerschein einer geistigen Revolution zu betrachten, der muß sich schon die Mühe nehmen, ihn selbst an den Horizont zu malen. Viele tun es. Sie sind weniger Revolutionäre als Romantiker der Revolution. Indessen ist die russische Revolution schon längst in das Stadium einer gewissen Stabilität gekommen. Der illuminierte laute Feiertag ist ausgeklungen. Der nüchterne, graue, mühselige Wochentag hat angefangen. Im Westen aber wartet ein großer Teil der geistigen Elite auf das bekannte Licht vom Osten. Die Stagnation europäischen geistigen Lebens, die Brutalität politischer Reaktion, die korrupte Atmosphäre, in der das Geld gemacht und ausgegeben wird, die Hypokrisie der Offiziellen, der falsche Glanz der Autoritäten, die Tyrannei der Anciennität: das alles zwingt die Freien und die Jungen, von Rußland mehr zu erwarten, als die Revolution geben kann. Wie groß ist ihr Irrtum! Sie mögen herkommen und durch trübe, graue Straßen wandern; überladene Menschen sprechen, die ewig zwischen einer Konferenz und einem notdürftigen Einkauf auf Rabatt und Ratenzahlung im Staatlichen Warenhaus stehn; in Wohnungen sitzen, um die fortwährend Prozesse in Mietämtern schweben und deren Insassen seit Jahren in einem Provisorium leben wie in einem Wartesaal; den emsigen, millionenarmigen Apparat dieses Riesenstaates sehn – in einer unaufhörlichen, verwirrenden und manchmal verwirrten und zwecklosen Bewegung – sie mögen das alles sehn und dann doch glauben, daß hier Zeit und Raum ist für geistige «Probleme» und Ekstase. Die Brandfackeln der Revolution sind ausgelöscht. Sie zündet wieder die ordentlichen, guten und braven Laternen an.

Neu war das rote und grandiose Schauspiel der aktiven Revolution. Jetzt aber, o Genossen, ist die Zeit der nützlichen, disziplinierten Mäßigkeit ausgebrochen. Dieses Rußland hat keine Genies nötig und schon gar nicht Literaten. Es braucht Volksschullehrer dringender als kühne Theoretiker, es braucht eher Ingenieure als Erfinder, mehr Konstruktionen als Gedanken, mehr tagespolitische Tendenz als weltanschauliche, das heißt: mehr Agitation als Tendenz, es braucht Fabriken und keine Dichter, es braucht für die breiten Massen eine populäre körperliche Hygiene und eine geistige, die man «Aufklärung» nennt, es braucht Lesebücher und keine Werke. Literarische und Kultur-«Probleme» sind hier Luxus. Zweifel sind verdächtig. Feine differenzierte Nuancen sehn heißt hier: eine bürgerliche Ideologie haben. Selbstironie, Abzeichen und Blüte adeligen Geistes ist kleinbürgerlich. Die Revolution war ein verschwenderischer Aufwand der Geschichte, um die geistige Physiognomie der russischen Masse jener der westeuropäischen wenigstens ähnlich zu machen. Auf materiellen, politischen und sozialen Gebieten war sie eine Revolution. Auf geistigem und geistig-moralischem war sie nur ein quantitativ gewaltiger Fortschritt. Wenn bei uns eine alte und, wie man sagt: müde Kultur durch Girls, Fascismus, flache Romantik pathologisch banal wird, so wird hier eine eben erst geweckte, brutal kräftige Welt gesund banal. Unserer dekadenten Banalität steht gegenüber die neurussische, frische, rotbackige Banalität.

Wie ist das möglich? – höre ich fragen. Wir lesen ja hier die letzten, noch druckfeuchten Übersetzungen jüngster russischer Autoren? Wir lesen ja Romanow, Sejfulina, Babel! Ja, alle diese Bücher, bei uns neu, sind hier schon alt. Nicht alle jungen und begabten Autoren sind Revolutionäre mit «Disziplin», wie man sie braucht, wenige sind Kommunisten, manche sind mit der Zensur nicht einverstanden. Und alle Schriftsteller holen ihre Stoffe aus der großen Zeit der ersten Revolutionsjahre oder aus der großen Zeit des großen Sterbens und der übermenschlichen Hungerleiden. Alle guten Filme wie «Potemkin», «Mjat», «Wjeter» (über die ich noch sprechen werde) behandeln revolutionäre Episoden längst oder jüngst vergangener Heldenzeiten. Aber diesen Alltag von heute, diesen grauen kleinen täglichen Kampf mit Millionen grauer kleiner Sorgen – wer wagt ihn zu beschreiben, wer kann ihn beschreiben? Die Zeit der Heldentaten ist vorbei: das ist jetzt die Zeit der fleißigen Büro-Arbeiten. Die Zeit der Epopöen ist vorbei: das ist jetzt die Zeit der Statistiken.

Sowohl die Idee als auch der Aufbau des neuen Staates, der im Namen dieser Idee begonnen hat, zwingen die Individualität, sich als einen Faktor der Masse zu betrachten. Aber während man als Faktor einer geistig sehr hoch stehenden Masse wahrscheinlich nicht unbedingt Kompromisse zu schließen braucht und allen treu bleibt, wenn man sich selbst treu ist, muß der geistige Mensch im heutigen Rußland sich opfern, wenn er dienen will. Er opfert sich nicht der Idee – was ja kein Opfer wäre – sondern dem Alltag. Ein breiter Wirkungskreis ist ihm gesichert, wenn er in die Breite gehen will statt in die Tiefe. Der schöpferische Mensch, ein Revolutionär nicht aus Zwang wie der Proletarier, sondern aus freiem Willen oder aus Berufung, bleibt immer revolutionär – – auch nach siegreichen Revolutionen. Er wird gewiß das hohe Glück genießen, in einem Staat zu leben, der alle frei machen will. Aber die materielle Freiheit ist nur eine der primärsten Vorbedingungen für seine Existenz. Es gibt keine Gesellschaftsform, die der natürlichen Aristokratie des Geistes auf die Dauer die geistige Herrschaft streitig machen könnte. Der schöpferische Aristokrat braucht keinen Titel und keinen Thron. Aber seine Gesetze diktiert ihm die Geschichte und nicht die Zensur.

Im heutigen Rußland muß man leider den Durchschnitt züchten. Man meidet die Gipfel, man baut breite Heerstraßen. Es ist allgemeine Mobilisierung. Ein zuverlässiger Marxist ist mehr wert als ein kühner Revolutionär. Ein Ziegelstein ist nützlicher als ein Turm. Traktoren! Traktoren! Traktoren! – ruft es im ganzen Land. Zivilisation! Maschinen! ABC-Bücher! Radio! Darwin! – Man verachtet «Amerika», das heißt den seelenlosen großen Kapitalismus, das Land, in dem Gold Gott ist. Aber man bewundert «Amerika», das heißt den Fortschritt, das elektrische Bügeleisen, die Hygiene und die Wasserleitung. Man will die vollkommene Produktionstechnik. Aber die unmittelbare Folge dieser Bestrebungen ist eine unbewußte Anpassung an das geistige Amerika. Und das ist die geistige Leere. Die großen Kulturleistungen Europas, das klassische Altertum, die römische Kirche, die Renaissance und der Humanismus, ein großer Teil der Aufklärung und die ganze christliche Romantik – – sie alle sind bürgerlich. Die alten Kulturleistungen Rußlands: der

Mystizismus, die religiöse Kunst, die Poesie der Slawophilie, die Romantik des Bauerntums, die gesellschaftliche Kultur des Hofes, Turgenjew und Dostojewski: sie alle sind selbstverständlich reaktionär. Woher also geistige Grundlagen für eine neue Welt nehmen? Was bleibt übrig? – Amerika! Die frische, ahnungslose, gymnastisch-hygienische rationale Geistigkeit Amerikas – ohne die Hypokrisie der protestantischen Sektiererei: aber dafür mit der Scheuklappenfrömmigkeit des strengen Kommunismus.

Die literarischen Zeitschriften haben heute in Rußland eine unwahrscheinlich hohe Auflage. Aber darunter leidet ihre Qualität. Jeder Halbgebildete kann sie lesen. Aber der Anspruchsvolle kann sie nicht lesen. Der Stil, dessen sich die meisten russischen jungen Tendenz-Schriftsteller bedienen, ist ein Allgemeinstil, jedem erreichbar, seine Bestandteile liegen wie Bleibuchstaben in Setzkästen. Es ist eine primitive Sprache, unfähig, Nuancen und Stimmungen haargenau wiederzugeben, jedem verständlich, aber auch jedem zur Verfügung, eine Montur für Tatsachen, Prinzipien, Agitation. Das neue Theater (von dem ich noch sprechen werde) hat eine unglaubliche technische Vollkommenheit erreicht – in der Kunst, Effekte zu erzielen. Dafür geht die Feinheit des Schauspielers verloren. Nicht die Atmosphäre der Bühne ist suggestiv, sondern das technische Mittel. Die neue «revolutionäre» Malerei beschränkt sich auf Metaphern, die nicht die Kraft haben, Symbole zu werden. Viele, tausend, Millionen Kräfte sind befreit. Einmal werden sie wahrscheinlich ein Licht anzünden, das heller sein wird als das Feuer der Revolution. Aber heute noch nicht, in zwanzig Jahren noch nicht. Vorläufig bleibt immer noch die geistige Physiognomie Europas interessanter; – wenn auch ihre politische und soziale Physiognomie schauderhaft ist. –

Elfter Teil der Serie «Reise in Rußland», Frankfurter Zeitung, 23. November 1926

Die Frau, die neue Geschlechtsmoral und die Prostitution.

Wer von einer häßlichen Verwirrung der Sitten in Sowjetrußland spricht, verleumdet es; wer den Anbruch einer neuen Geschlechtsmoral in Sowjetrußland sieht, ist ein heiterer Optimist; und wer hierzulande gegen alte Konventionen mit den Argumenten des braven Bebel kämpft, wie z. B. die Frau Kollontaj, ist das Gegenteil zu revolutionär – nämlich: banal.

Die angebliche «Sittenlosigkeit» und die «neue Geschlechtsmoral» beschränken sich auf eine Reduzierung der Liebe zu einer hygienisch einwandfreien Paarung zweier durch Schulvorträge, Filme und Broschüren sexuell aufgeklärten Individuen verschiedenen Geschlechts. Ihr geht in den meisten Fällen keine «Werbung», keine «Verführung» und kein seelischer Rausch voran. Die Sünde ist infolgedessen in Rußland langweilig, wie bei uns die Tugend. Die Natur, aller Feigenblätter beraubt, tritt unvermittelt in ihre Rechte, weil der Mensch, vor lauter Stolz über die soeben gewonnene Erfahrung, daß er vom Affen abstamme, sich der Sitten und Gebräuche der Säugetiere bedient. Das schützt ihn ebenso vor der Ausschweifung wie vor der Schönheit; es erhält ihn fromm und natürlich-tugendhaft, er bewahrt die doppelte Keuschheit des medizinisch beratenen Barbaren, er hat die Moral der sanitären Maßnahmen, die Anständigkeit der Vorsicht und die Genugtuung, mit dem Genuß eine hygienische und soziale Pflicht erfüllt zu haben. Im Sinne der «bürgerlichen» Welt ist das alles höchst sittlich. Minderjährige werden in Rußland nicht verführt und nicht mißbraucht, weil alle Menschen den Stimmen der Natur gehorchen und die Minderjährigen, die das Gefühl haben, keine Minderjährigen mehr zu sein, mit Ernst und der sozialen Aufgabe eingedenk sich freiwillig hingeben. Die nicht mehr umworbenen Frauen verlieren ihren Reiz – nicht infolge der völligen Gleichberechtigung vor dem Gesetz, sondern infolge ihrer politisch fundierten Bereitwilligkeit, des Mangels an Zeit zur Lust und der vielen sozialen Pflichten, der unaufhörlichen Arbeit in Büros, in Fabriken, in Werkstätten, der unermüdlichen öffentlichen Betätigung in Klubs, Vereinen, Versammlungen, Konferenzen. In einer Welt, in der die Frau so sehr «öffentlicher Faktor» geworden ist und in der sie so selig darüber zu sein scheint, gibt es natürlich keine erotische Kultur. (Außerdem hatte die Erotik bei den Massen in Rußland schon immer einen derben, ländlich-utilitaristischen Beigeschmack gehabt.) Man fängt in Rußland dort an, wo bei uns Bebel und Grete Meisel-Heß und alle ihre belletristischen Zeit- und Gesinnungsgenossen gestanden haben.

*

In Rußland glaubt man ungemein «revolutionär» zu sein, wenn man den Befehlen der Natur und den Forderungen des einfachen Verstandes wörtlich gehorcht. Aber durch einige «revolutionäre» Kultur-Reformationen ging nicht der große Geist Voltaires, sondern der durchsichtige Schatten Max Nordaus. Statt der überlieferten Heuchelei kam die theoretische Pedanterie, statt der komplizierten Sitte die banale Natürlichkeit, statt der kultivierten Sentimentalität der simple Rationalismus. Man riß alle Fenster auf – – –, um eine muffige Luft hereinzulassen ...

Man scheint nicht zu verstehen, daß die Liebe immer heilig ist, daß ein Augenblick, in dem zwei Menschen zusammenkommen, immer eine Weihe hat. Man bemüht sich, das Standesamt sehr demonstrativ einfach zu machen. Es ist der Ortspolizei angegliedert, enthält drei Tische, einen für Heiraten, einen für Scheidungen, einen für Geburten. Eine Eheschließung ist einfacher als eine Anmeldung bei der Polizei. Man hat eine groteske Angst vor Formen. Eine kurze Zeit war die «kommunistische Taufe» von einer gewissen zeremoniösen Feierlichkeit. Man schaffte sie aber ab – oder sie ist zumindest sehr selten geworden. Die Durchschnittsehe beschränkt sich auf ein gemeinsames Nachtmahl in später Abendstunde (nach der üblichen Versammlung oder Konferenz oder «Berichterstattung» oder dem «Kurs») und einige Stunden Schlaf. Mann und Frau arbeiten und konferieren den ganzen Tag in gesonderten Betrieben. Wenn sie zufällig an einem Sonntag oder bei einer gemeinsamen Demonstration entdecken, daß sie nicht zueinander passen –, oder wenn dem einen oder andern ein Fremder besser gefällt, läßt man sich scheiden. Mann und Frau kennen einander noch weniger als die Partner der kapitalistischen Mitgift-Ehe. Scheidungen sind häufiger als bei uns, weil die Ehen «leichtsinniger» und mit weniger Bedacht geschlossen werden. Auch der Betrug ist seltener, die Sauberkeit also größer. Aber nicht weil das Ethos so tief, sondern weil die Beziehungen so locker und die Form so simpel ist. Wir sind alle Säugetiere. Von den vierfüßigen unterscheiden wir uns durch die sexuelle Aufklärung.

Das alles schließt den Bestand einer alten, spießigen «Moral» nicht aus. Denn der Mensch in Rußland ist ein Bestandteil der Straße, sie sieht in sein Schlafzimmer. Und weil man nur ein Auge zudrücken kann, aber nicht tausend, ist die Straße kleinbürgerlicher, spießiger, sauertöpfischer als jede Tante.

*

Viel revolutionärer als die Sitte ist das Gesetz. Es macht keinen Unterschied zwischen ehelichen und unehelichen Müttern und Kindern. Es bestimmt, daß einer arbeitenden schwangeren Frau nicht gekündigt werden dürfe; daß ihr zwei Monate vor, zwei Monate nach der Entbindung Urlaub gegeben werde; daß der Monat, in den die Geburt fällt, doppelt entlohnt werde; es bestimmt, daß die Alimente der Vater zahle (wenn er nicht ohne Einkommen ist), daß eventuell einige Männer sich in die Alimentenlast teilen, wenn die Mutter es vorzieht, einige Männer als eventuelle Väter anzugeben; es gestattet den künstlichen Abortus, es befiehlt die Trennung der Ehe, auch wenn nur ein Teil sie lösen will, es stellt das sogenannte «Konkubinat» der vor dem Standesamt geschlossenen Ehe vollkommen gleich; es berechtigt theoretisch auch den Mann unter gewissen Bedingungen, auf materielle Unterhaltung Anspruch zu erheben; es anerkennt keine Gütergemeinschaft in der Ehe; es fördert die vielen Mütter- und Kinderheime, Schutzkommissionen, Säuglingsfürsorgestellen. Es ist ein im modernen Sinn humanes Gesetz, das allerdings in der Praxis ebenso zu Schwierigkeiten wie zu Lächerlichkeiten führen kann. Die Gerichte, die vor kurzer Zeit noch mit Alimenten-Prozessen überlastet waren, sind heute immer noch mit ihnen beschäftigt. Zu einigen gründlichen Reformen geht man allmählich auch auf dem Gebiete des Eherechts über wie auf allen anderen Gebieten. Die Theorie ist gerade daran, sich dem Leben anzupassen, die Menschen sind gerade auf dem Weg, sich den Gesetzen anzupassen. Deshalb tritt der gerechte Wunsch nach einem endgültigen Urteil hinter die Notwendigkeit zurück, sich auf Betrachtungen und Beobachtungen zu beschränken. Westeuropa kann von den neuen russischen Gesetzen manches, von seiner sozialen Fürsorge alles, von seiner angeblichen neuen Geschlechtsmoral und Sitte gar nichts lernen. Denn sie ist alt und manchmal reaktionär. Es ist zum Beispiel reaktionär, den Handkuß zu verpönen – aus Furcht, man könnte die Frau zur Dame degradieren. Es ist reaktionär, wenn bei den vielen Blumenhändlern, die in allen russischen Städten in den Straßen stehen, nur die jungen Mädchen Blumen kaufen, um sie ihren Geschlechtsgenossinnen zu schenken – indes die jungen männlichen Begleiter ungeduldig abseits stehen, erhaben in ihrem «Komsomol»-Stolz über derlei «bourgeoise Sentimentalitäten». Es ist reaktionär, die Frau durch Gleichstellung ins Neutrum zu verwandeln, es wäre revolutionär, sie durch Achtung weiblich sein zu lassen. Es ist reaktionär, sie nur frei zu machen – es wäre revolutionär, sie frei und schön zu machen. Die wirkliche Degradation ist nicht die vom «Menschen» zum «Weib», sondern vom freien, erotisch kultivierten, mit der Fähigkeit zu lieben ausgestatteten Menschen zum sexuell funktionierenden Säugetier. «Darwinismus» ist reaktionärer, als die guten russischen Revolutionäre glauben, und das Metaphysische, vor dem sie eine genau so große Angst haben wie Bürger vor der Kapitalsenteignung, ist revolutionärer als die atheistische Spießigkeit. Eine «konventionelle Lüge» kann tausendmal revolutionärer sein als eine flache, banale Aufrichtigkeit. Und sogar die Prostitution, den preußischen Königinnen ebenso verhaßt wie manchen Kommunisten, ist eine humane und freie Einrichtung – verglichen mit der sauertöpfischen, naturwissenschaftlich begründeten Geschlechtsfreiheit.

*

Die Prostitution ist in Rußland ein kurzes Kapitel. Das Gesetz verbietet sie. Straßenmädchen – deren es in Moskau offiziell etwa 200, in Odessa etwa 400 gibt – greift man auf, bringt man in die Polizeistelle, später in Arbeitsstellen unter. Ein paar Häuser der Liebe fristen ein bedrohtes, kümmerliches und primitives provinzielles Dasein in einigen größeren russischen Städten. Kuppelei wird streng bestraft. Infolgedessen sehen sich manche Menschen gezwungen, die wenigen Automobile, die es in Moskau gibt, dem nützlichen Bahnhofsverkehr zu entziehen. Den Chauffeuren geht es gut, eine staatliche Automobil-Verleihung hat in den Abendstunden ein ewig besetztes Telephon und es liegt eine leise Ironie darin, daß auch sie mißbraucht wird. Eine Stunde Fahrt in den nicht mit Taxameter versehenen Automobilen kostet sechs Rubel. (Während ich dieses schreibe, erfahre ich von einer neuen Verfügung, der zufolge die besetzten Automobile am Abend im Innern dauernd beleuchtet sein müssen.)

*

Rußland ist nicht unmoralisch, keineswegs, – es ist nur hygienisch. Die moderne russische Frau ist kein Wüstling, – im Gegenteil: sie ist eine brave soziale Funktion. Die russische Jugend ist nicht hemmungslos, sie ist nur maßlos aufgeklärt. Die Ehe- und Liebesverhältnisse sind nicht unsittlich, sondern nur öffentlich. Rußland ist kein «Sündenpfuhl», sondern ein naturwissenschaftliches Lesebuch …

*

Obgleich dieser Zustand durch eine heftige Propaganda gestützt und erhalten wird, ist er zum Teil doch auch eine natürliche Reaktion gegen die verflossene Zeit der allzu schwärmerischen, sentimentalen und kitschigen Verlogenheit der Liebesbeziehungen. Wenn die neuen Reformatoren glauben, dieses Stadium in der Entwicklung der Erotik, das ich das «naturwissenschaftliche» nennen möchte, wäre ein gesunder Übergang zu einer gesunden, neuen, natürlichen Liebe, so muß man mit ihnen hoffen. Wenn sie aber glauben, es könnte eine natürliche Liebe zwischen Menschen ohne das geben, was sie als «metaphysisch» fürchten – so irren sie sich. Die erotische Beziehung, die sich nur auf Körper und Bewußtsein beschränkt, sieht eben so aus, wie sie oben geschildert wurde. Zum Glück hat der Mensch die Fähigkeit, dem Pubertätsalter der sexuellen Aufklärung zu entwachsen und der Naivität eines aufgewärmten Materialismus. Auch wenn er ein absoluter Leugner der «Seele» ist – in einem Punkt macht sie sich eines Tages bemerkbar: in der Liebe. –

Zwölfter Teil der Serie «Reise in Rußland», Frankfurter Zeitung, 1. Dezember 1926

Die Kirche, der Atheismus, die Religionspolitik.

Zwischen der Überzeugung, daß die Religion «Gift» sei, und einer feindseligen Aktivität gegen Erzeuger und Verbreiter des angeblichen Gifts ist ein Unterschied: in Sowjetrußland wird die Kirche nicht verfolgt. Nur ihre Macht wird bekämpft und ihr Einfluß. Man führt keinen Krieg gegen Gott – man bemüht sich, nachzuweisen, daß er nicht da ist. Man zerstört keine Kirche – man verwandelt einige in Museen. Man bestraft nicht die Gläubigkeit – man sucht sie auszurotten. Man verbietet nur jene religiösen Demonstrationen, die staatsfeindlich sind oder sein könnten. Man verhindert nur sehr selten eine Prozession – man versucht zu beweisen, daß sie eine Torheit sei. Die Methode des Kampfes gegen die Kirche ist mehr eine prophylaktische als eine chirurgische. Religiöse Betätigung der Jugend kann manchmal unangenehme Konsequenzen haben. Religiöse Betätigung der Alten wird höchstens ironisiert. Der Spott ist schon die schärfste Waffe, die der Staat gegen die Kirche verwendet. An der linken Wand des heutigen zweiten Sowjethauses, dort, wo früher die wundertätige iberische Mutter Gottes gestanden hat, ist heute die goldene Inschrift angebracht: «Die Religion ist Opium für das Volk.» (Die Mutter Gottes ist, nebenbei gesagt, in ihre eigene Kapelle, zwanzig Schritt weiter, vor dem großen Kremltor, übergesiedelt und wird immer noch fleißig angebetet.) Aber auch dieses öffentliche Zitat ist eine alte Demonstration aus der Zeit der ersten Siegesfreude. Heute herrscht Waffenstillstand zwischen Staat und Kirche.

Manchmal auch Freundschaft: die religiösen Minderheiten zum Beispiel genießen im neuen Rußland eine unvergleichlich größere Freiheit als in irgendeiner Zeit. Sie hatten einen gemeinsamen Feind, die kleinen Konfessionen und die große Revolution: den orthodoxen Zarismus. Der Beschluß des Dreizehnten Parteikongresses über die Behandlung der Sekten lautet: «Besonders vorsichtig ist die Frage des Verhaltens gegenüber den Sektierern zu lösen – zumal, da viele von ihnen vom Zarismus grausam behandelt wurden und einige überaus aktiv sind. Durch ein angemessenes Vorgehen sollte man die wirtschaftlich kulturellen Elemente unter ihnen in den großen Strom der Sowjet-Arbeit einbeziehen.» Der «Allrussische Menonitische Landwirtschaftliche Verband», dessen Statuten einen unwahrscheinlich reaktionären Geist atmen, wurde trotzdem im Jahre 1923 von der Regierung bestätigt – und erst heute, da die kommunistische Propaganda unter den armen und mittleren menonitischen Bauern einige Erfolge zeitigt, beginnt man, den Verband zu reorganisieren. In Moskau erscheint, unter anderen religiösen Zeitschriften, die Monatsschrift der Siebten-Tag-Adventisten, die eine eifrige Propaganda für das «Bibellesen im Hause» treibt und auch sonst gewiß nicht revolutionär ist. Mohammedaner, Juden, Duchoborzen, Molokaner – alle bekannten und unbekannten Konfessionen, an denen Rußland so reich ist, leben frei und erholen sich geradezu von den Verfolgungen des Zaren – unter der Herrschaft der prinzipiellen Atheisten. Wer wollte behaupten, daß die Sowjetregierung heute noch die Religion verfolge?

Man treibt nur Propaganda gegen die Religion. Sie ist die selbstverständliche Konsequenz des «dialektischen Materialismus». Man ist bemüht, die Propaganda sachlich, kühl, objektiv zu gestalten. Daß sie trotzdem in Aggressivität ausartet, ist nicht die Schuld ihrer Urheber. Denn erstens sind von allen Bekehrungs-Methoden die gegen den Glauben angewandten ihrer Natur nach am wenigsten behutsam. Gefühle sind eben leichter zu verletzen als zum Beispiel Meinungen. Zweitens: sind die Missionare des Atheismus nicht geeignet, gerade das zu schonen, was anzugreifen ihre Aufgabe ist. Es ist ja gerade ihre Pflicht, ihr Beruf, bei jeder metaphysisch verdächtigen Äußerung des Lebens nach dem naturwissenschaftlich fixierten «Nerv» zu suchen, der sie verursacht haben könnte. Es kann also höchstens ihr Bestreben sein, nicht «auf die Nerven zu fallen». Aber sie fallen sozusagen meist auf Gefühle.

Verletzend ist nicht das Argument des «Materialismus», sondern die Billigkeit seines Arguments. Es gibt selbstverständlich auch Diffizile. Aber sie eignen sich nicht für die alltägliche Propaganda. Der landläufige agitatorische Materialismus in Rußland hat ein paar grobe, niederschmetternde, für europäische Ohren unglaublich antiquierte «Beweise»: Zum Beispiel: Donner und Blitz sind Erscheinungen der Elektrizität; die Welt ist billionenmal älter, als die Bibel glaubt; die Welt ist nicht in sechs Tagen, der Mensch nicht aus Staub erschaffen worden: er kommt vom Affenmenschen her. Besonders über diese Entdeckung herrscht in Rußland eine unwahrscheinlich naive Freude. Die Menschen sind so stolz darauf, mit dem Pithekanthropus verwandt zu sein, als hätten sie eine Erbschaft von ihm zu erwarten und als hätten wir dieses Erbe nicht schon längst aufgezehrt. In einer Broschüre: «Antireligiöse Propaganda im Dorf» von E. Feodorow, die für Dorf-Agitatoren bestimmt ist, stehen folgende Definitionen: «Das Peter- und Paulsfest gehört zu jenen Feiertagen, die den Zweck haben, die Ausbeutung der arbeitenden Massen durch die Kapitalisten zu rechtfertigen und jeden Versuch, einen Aufstand zu erheben, durch eine Berufung auf die göttliche Autorität zu unterdrücken.» Oder: «Alle unsere Seelen-Erscheinungen – Ärger, Freude, Angst, die Fähigkeit, zu denken und zu räsonieren – sind Folgen der Arbeit des Zentralhirns und der Nerven.» Der zwanzigste Juni alten Stils, der Tag des Elias, der nach dem Glauben der Bauern über Donner und Blitz zu verfügen hat, wird im neuen Rußland auch offiziell gefeiert, und zwar als «Elektrifikationstag». Und manchmal protestiert eine Broschüre gegen das Läuten der Kirchenglocken, weil es denerviere und weil in – Zürich das Glokkenläuten verboten sei. Ich weiß nicht, ob es stimmt – aber: Zürich! Zürich! Welch ein Muster für Revolutionäre! ...

Das ist nämlich das Un-Revolutionäre, Reaktionäre, Spießige an dieser antireligiösen Propaganda: dieser Wunsch nach stummen Glocken; dieses Peter-Paulsfest, das den Zweck hat, die Ausbeutung der Massen zu rechtfertigen; dieser «Elektrifikationstag»; diese Seelenerscheinungen im Nervensystem und diese Genügsamkeit, die keine anderen Seelenerscheinungen kennt als: Ärger, Freude, Angst, Denken und Räsonieren; fünf Zustände wie fünf Finger; dieses Argument gegen die Bibel: ein «Märchen»; dieser mittelmäßige, banale, philiströse Affen-Mensch inmitten der aufgeklärten Schweizer Alpen ...

Als Gorki einmal in einem Artikel schrieb: «Die Gottsucherei muß man eine Zeitlang aufschieben. – Ihr habt keinen Gott! Ihr habt ihn noch nicht geschaffen!» – bekam er einen bösen Brief von Lenin: «Daraus geht also hervor, daß Sie nur eine Zeitlang gegen die Gottsucherei sind! – Jeder Gott ist eine Seuche – vom sozialen, nicht vom persönlichen Gesichtspunkt ist jede Gottschafferei nichts anderes als die liebevolle Selbstbetrachtung des stumpfsinnigen Kleinbürgertums – Gott ist zu allererst ein Komplex von Ideen, die durch die stumpfsinnige Niedergedrücktheit des Menschen und die äußere Natur und die Klassenunterdrückung erzeugt wurden –»

Das war im Jahre 1913. Und diese Angst vor Gott, die genau so groß war wie die Angst eines Frommen vor dem Teufel, stammt noch aus den neunziger Jahren. Indessen haben wir 1926. Dazwischen war der Krieg, der Tod, die große Revolution und der große Lenin selbst, bei dessen Tod ein Schauer durch ganz Rußland ging, der keineswegs nur wie eine «Funktion des Nervensystems» aussah. Dazwischen ist das Wissen von der Relativität der «Wahrheit», von der Wahrheit des «Unwahren». Wenn man uns heute sagt, daß etwas «nur ein Märchen» sei, so ist das für uns noch lange kein Grund, ihm nicht zu glauben. Den Pithekanthropus haben wir längst akzeptiert, die Aufklärung haben wir längst verdaut. Wir haben den Weg schon zurückgelegt, auf dem man erfreut feststellt, daß die «Wunder» «erklärbar» sind. Wir wandern schon den Weg, auf dem man erfährt, daß auch das «Erklärliche» ein Wunder ist. Kurz: wir sind im zwanzigsten Jahrhundert. Im geistigen – nicht im politischen – Rußland feiert man die letzten Jahrzehnte des neunzehnten.

Wenn man folgende Zuschrift eines bäuerlichen Jungkommunisten an die Zeitung liest:

«Mit Beendigung der Feldarbeit werden die Straßen unseres Dorfes wieder lebendig. Unsere Arbeiter- und Bauernjugend – – weiß nicht, wohin mit der freien Zeit. Aus diesem Grunde besucht sie erstens allsonntäglich den Gottesdienst; und zweitens treibt sie allerhand Unwesen – –»

so versteht man die unglaubliche Primitivität dieses Materialismus, der so stolz ist, den allsonntäglichen Gottesdienst endlich als «allerhand Unwesen» entlarvt zu haben – – und hat auch vielleicht eine ferne Vorstellung von der bisher so unbekannt gewesenen Areligiosität des russischen Durchschnitts-Menschen. Seine Gläubigkeit war ebenso von primitiv sinnlichen, religiösen Formen erhalten und bedingt, wie jetzt sein Unglaube vom primitiv naturwissenschaftlichen Abc. Diese Kirche, die ein so hartes Regiment gegen Abtrünnige führte, schuf selbst die Voraussetzungen für Abfall und Abkehr. Diese Kirche stand eine Zeitlang im Dienste mohammedanischer Chans gegen russische Bauern. Sie schenkte Rußland den ersten Romanow, den Sohn ihres Oberhauptes, um sich dem Zaren zu verkaufen wie früher dem Chan. Ihre Klöster lebten von der Arbeit der Leibeigenen. Das Troizko-Ssergejewer Kloster hatte 106 000 Leibeigene, die Alexandro-Newsker Lawra 25 000. Im Anfang des 20. Jahrhunderts besaß die Kirche in Rußland 2 611 000 Desjatinen Land. Das Jahreseinkommen der Moskauer Metropoliten betrug 81 000 Rubel, das des Nowgoroder Erzbischofs 307 500 Rubel, das des Petersburger Metropoliten 259 000 Rubel. Die Priester der orthodoxen Kirche waren und sind weniger «Diener Gottes» als Handlanger und Zeremonien-Vollstrecker. Sie waren nicht die Mittler zwischen Gebet und Erhörung. Gewissermaßen über ihre Köpfe hinweg ging der

Glaube der Massen. Sie hatten keine bevorzugte Stellung, sie hatten nur Einnahmen. Sie nahmen die traditionellen Abgaben entgegen nicht wie Priester, sondern wie Tempeldiener.

Die Vorstellung, die sich in Westeuropa herausgebildet hatte, daß in Rußland jeder Bauer ein «Gottsucher» sei, beruht auf falsch verstandenen literarischen Voraussetzungen. Er war nur näher der Natur und metaphysisch weniger befriedigt. Er absolviert jetzt das Stadium der primitiven Naturwissenschaft, die erste Stufe des Rationalismus. Vielleicht wird auch er dann, wie die Intellektuellen und die geistig Schöpferischen dem Zauber seiner reichen Kirche erliegen, deren Söhne keinen Priester brauchen, weil sie eine direkte, unmittelbare Beziehung zu den Gegenständen ihres Glaubens haben.

Man bekommt eine Ahnung von der Fremdheit, ja, der Unheimlichkeit dieser Kirche, wenn man ihre Glocken hört. Viele läuten auf einmal. Die hellen fahren lärmend zwischen die tiefen. Die tiefen, schweren, alten läuten immer schneller, als hätten sie den Ehrgeiz, so flink wie die jungen zu sein. Sie schwingen nicht in horizontaler Richtung wie alle Glocken der Welt – es scheint, daß sie sich drehen, im Kreis, wie Tänzerinnen. Sie sind so laut, als wären sie unten, in der nächsten Straße. Aber sie leben hoch oben, verborgen in Türmen – und man staunt über diese Nähe des Tons, bei dieser Ferne des Instruments, wie man an klaren Sommermorgen verwundert den nahen Gesang der Lerchen hört, die, gar nicht sichtbar, im Himmel verschwunden sind.

Wenn die Glocken ertönen, fallen alle Männer zu Boden, Bauern schlagen drei Kreuze, im Gehen, ohne sich aufzuhalten – es ist eine mechanische Äußerung. Die Bettler stehen vor den Kirchen, als kostete der Eintritt Geld, das Gesicht dem

Glänzen zugewandt, das von innen kommt, von den silbernen, blauen, roten, goldenen Gewändern der Popen, den goldenen, zarten Filigrantüren hinter dem Altar, den dicken goldenen Kerzen. Schwarze, vermummte Frauen huschen fortwährend von Leuchter zu Leuchter. Alle abgebrannten Stümpfchen kleben sie zu neuen, großen Lichtern zusammen. Schwarz, klein, flink und still, mit Brillen auf den Nasen – gleichen sie frommen Kirchen[-]Eulen, die nach dem Gottesdienst im Gebälk und Gesims hängen. Der schwarze Baß des Popen steigt auf aus einem Sarg, von oben kommt die helle Litanei einer Frau. Rhythmus und Tonfarbe des Gebets sind wie die der Glocken. Die gleichen akustischen Gesetze beherrschen Glocken und Kehlen.

Die Kirchen sind besser besucht als man glauben sollte. Die Mönchs- und Nonnenklöster haben sich zeitgemäß in «Arbeitsgemeinschaften» verwandelt, bebauen mit Eifer ihren Boden und liefern ihre verhältnismäßig hohen Erträge den Kirchen und den Popen ab. In Charkow (in der Ukraine sind die Bauern sehr fromm) brachte man an einem Oktobertag Ikonen aus der Umgebung in feierlicher Prozession wieder in die Stadt. Sie hatten den Sommer über für die Fruchtbarkeit der Felder zu sorgen gehabt. Die Straßen waren voll, Droschken konnten nicht passieren, alle Dörfer der Umgebung schienen in der Stadt zu sein. Alle Glocken läuteten. Die Menge kniete. Viele berührten mit der Stirn das nasse Pflaster. Es regnete dünn, oktoberhaft, es war ein Duft von welkem Laub wie Weihrauch über den Menschen. Es wurde Abend. Es kam die Stunde, da in den Dörfern die Vorträge in den Klubs beginnen, wo man lesen und schreiben lernt, die Abstammung des Menschen und die definitive Leere des Himmels.

Man sieht, daß es eine grobe Verleumdung ist, von einer Verfolgung der Kirche zu sprechen. Der Kampf vollzieht sich in einer ganz anderen Sphäre. Der frisch-trocken-fröhliche Rationalismus findet seinen Niederschlag in der Kunst, in der Literatur, in Gedichten, in Essays, in allen Dingen des geistigen Lebens. Die Antireligiosität wird antiquiert, flach, langweilig. Die banale Ironie des «Gebildeten», die alle Erscheinungen jenseits des Begreifens «ein Teegespräch für spiritistische Damen» nennt und sich dabei sehr geistreich vorkommt, hat keinen anderen Erfolg als den, daß sie auch den klügsten «Atheisten» einem halbgebildeten Autodidakten verdächtig nahe bringt. Es weht ein Geruch von sehr selbstbewußtem, engem, unduldsam aufgeklärtem Geist in der Luft: es ist der Geruch des Lexikons, wo «alles schon drin steht» …

Dreizehnter Teil der Serie «Reise in Rußland», Frankfurter Zeitung, 7. Dezember 1926

Die Stadt geht ins Dorf.

Die Zivilisierung des russischen Bauern, die Rehabilitierung seiner Menschlichkeit, die Ausrottung des Gutsbesitzers, der privilegierten Nagajka-Schwinger, dieses grotesken Sklavenhalter-Systems, der «patriarchalischen» Prügelmeister: das sind bis jetzt die größten menschlichen und historischen Verdienste der großen Revolution. Der russische Bauer ist für immer befreit. Er hält einen schönen, roten, feierlichen Einzug in die Reihe der freien Menschheit.

Man weiß, daß in keinem Lande der Welt der Unterschied zwischen Stadt und Dorf so groß war wie im zaristischen Rußland. Der Bauer war von der Stadt weiter entfernt als von den Sternen. Zu den wichtigsten Sorgen des revolutionären Rußland gehört deshalb: wie kommt die Stadt zum Bauern? Sie darf sich nicht damit begnügen, die Proletarisierung des Bauern der historischen, wirtschaftlichen Entwicklung zu überlassen. Sie rückt gleichsam freiwillig ins Dorf vor. Sie «industrialisiert» es. Sie versorgt es mit Bildung, Propaganda, Zivilisation, Revolution. Sie senkt ihr eigenes Niveau – was auf allen geistigen Gebieten in Rußland fühlbar wird –, um vom Dorf verstanden zu werden. Es war einmal der romantische Traum der alten, slawophil-narodnitischen revolutionären Intelligenz, «unters Volk zu gehen», zu den armen Bauern, um die «Empörung» zu entfachen. Wie anders, wie rationalistisch, mathematisch, präzise und praktisch sieht die Revolutionierung des Dorfes durch die Kommunisten aus!

Es ist eine der schwierigsten Aufgaben der Revolution: die Bauern zu revolutionieren – aber vorher alle die zivilisatorischen Leistungen zu vollbringen, die das Werk des Kapitalismus sind. Die Revolution muß gewissermaßen im Namen des Sozialismus «kapitalistische Kultur» verbreiten. Sie muß außerdem in einem Jahrzehnt die ländlichen Massen Rußlands dorthin bringen, wohin die jahrhundertelange Entwicklung des Kapitalismus die westlichen geführt hat. Gleichzeitig soll sie jede etwa erwachende Neigung zur «bourgeoisen Psychologie» vernichten. Und da die «Psychologie» vom Objekt schwer zu trennen ist, wird die Aufgabe der Revolution immer schwieriger, je besser sie fortschreitet. Wie soll man die Erziehung zur kapitalistisch-rationellen Ausnützung des Besitzes mit der zum «kollektivistischen Gefühl» vereinigen? Hier droht der Revolution die größte Gefahr. Arbeitet sie schließlich nicht gegen ihren Willen für eine Verbürgerlichung des Primitiven? Hält sie das Werk des Sozialismus auf, während sie ihn propagiert? Verliert sie nicht zu viel Energie an der Zivilisierung – und bleibt ihr noch Intensität genug für die zweitnächste Etappe: den Sozialismus?

Vorläufig verwechselt der primitive Dorfmensch Zivilisation und Kommunismus. Vorläufig glaubt der russische Bauer, Elektrizität und Demokratie, Radio und Hygiene, Alphabet und Traktor, die ordentliche Gerichtsbarkeit, Zeitung und Kino wären Schöpfungen der Revolution. Aber diese Zivilisation emanzipiert den Bauern auch von der «Scholle». Er wird ein «Landwirt». Das soll die unvermeidliche Etappe auf dem Weg zum «bewußten Proletarier» sein. Sozialismus gedeiht nur bei der Musik der Maschine. Also, Maschinen her! Traktoren! Aber der

Traktor ist stärker als der Mensch – ungefähr wie das Gewehr stärker ist als der Soldat. Das Instrument der Gewinst-Vergrößerung erzeugt eben «bourgeoise Psychologie» – beim Bauern, der ohnehin für das «kollektivistische Gefühl» gerade nicht prädestiniert erscheint.

Man darf nicht aus dem Regen in die Traufe kommen. Man darf nicht aus dem der «Proletarisierung» unbewußt widerstrebenden Bauern einen ihr feindlich gesinnten Halb-Bourgeois machen. Was ist dagegen zu tun? Kommunistische Agitation. Propaganda. Bewußte Identifizierung oder zumindest *gleichzeitige* Verbreitung der Kultur der kommunistischen Idee: durch Schulen, Klubs, Theater, Zeitungen und den Dienst in der Roten Armee. «Liquidierung des Analphabetismus» heißt, in die Zwecksprache übersetzt, gleichzeitig: Verbürgerlichung verhindern; Eigentumsgefühle ausrotten; den Haß gegen den noch verbliebenen «Kulaken» (Großbauern) wacherhalten.

Das sind also die zwei Prinzipien der russischen Bauern-Kulturpolitik: Mechanisierung des Betriebs und Urbanisierung des Menschen; Industrialisierung des Feldes und Proletarisierung des Bauern; Amerikanisierung des Dorfs und sozialistische Revolutionierung seiner Bewohner. Das sind die Widersprüche, aus denen alle sogenannten «inneren Schwierigkeiten» entstehen. *Ja, das ist das Problem der russischen Revolution.* Hier wird es sich entscheiden, ob sie zu einer neuen Weltordnung führt oder ob sie die stärksten Reste einer alten vernichtet hat; ob sie der Anfang einer neuen Epoche ist oder das verspätete Ende einer alten; ob sie nur die Herstellung eines gewissen Gleichgewichts zwischen der Kultur des Westens und der des Ostens bewirkt oder ob sie daran ist, die westliche Welt aus dem Gleichgewicht zu heben.

*

Das Gesicht des Dorfes hat sich wenig geändert. Ich kannte die ukrainischen Dörfer aus dem Krieg. Ich sah sie jetzt, nach acht Jahren, wieder. Immer noch liegen sie da wie Kindheitsträume der Welt. Krieg, Hunger, Revolution, Bürgerkrieg, Typhus, Hinrichtungen, Feuer: sie haben alles überstanden. Im nordfranzösischen Kriegsgebiet riechen heute noch die Bäume nach Brand. Wie stark ist die russische Erde! Ihre Bäume duften nach Wasser, Harz und Wind, der Geburtenüberschuß in den Dörfern ist noch größer als der – beträchtliche – in den Städten, Brot blüht aus dem Moder der Toten, wie früher läuten die Glocken Neugeborene und Bräute ein, die Raben, die Vögel des Ostens, sammeln sich zu Hunderten in den Bäumen, der winterliche Himmel ist einheitlich grau, sehr nahe und sehr weich von den vielen Schneeflocken, die bald herunterfallen werden. Immer noch sind die Dächer aus Stroh, Schindeln und Lehm, immer noch herrscht das Dreikammer-System der Hütte vor, die Tier und Mensch beherbergt, immer noch bestreicht man die Wände und den irdenen Fußboden mit frischer Düngerflüssigkeit, die wochenlang einen scharfen Geruch verbreitet, aber dann eine wunderbar schimmernde, silbrige Farbe hat, die dauerhaft ist und – nach dem Glauben der Bauern – Wärme erhält.

Das Gesicht des jungen russischen Bauern aber ist stark verändert. Er hat den unsinnigen, erbärmlichen, feigen Respekt vor der «Kultur», der «Stadt», dem «Herrn» verloren. Er grüßt immer noch den Fremden ehrerbietig, aber nur weil dieser ein Gast und er der Wirt ist. Er hat die schöne stolze Freundlichkeit des Befreiten. Er lernt im Klub am Abend das Alphabet, die Zeichnungen an den Wänden, Geographie, Agronomie, er widerspricht heftig und selbstbewußt in Versammlungen, er karikiert Beamte und öffentliche Organe in der Wandzeitung, er steht nicht mehr verwirrt vor dem Automobil, das den Fremden gebracht hat, er erkundigt sich nach Herkunft, Alter, Art der Maschine. Die Frauen lernen Hygiene für Haus, Tiere, Kinder, sie lernen schneller und freudiger als die Männer. Die Stadt ist allen vertraut. Da geht ein Junger in die «professionell-technische» Schule, dort rückt ein anderer zur Roten Armee ein, ein Dritter kehrt heim, hält Vorträge, verfaßt Berichte, Beschwerden, wird beinahe galant zu den Frauen. Alles, was in der Stadt Banalität wird und Spießer erzeugt: die popularisiert-verflachte Wissenschaft, die plumpe sexuelle Aufklärung, die billige Tendenz in Bild und Buch: der Mensch vom Lande kann es verwerten, ohne an Unmittelbarkeit, an Kraft, an Originalität zu verlieren. Der trockene Geruch des Papiers verliert sich im Ozon des Landes. Der Bauer wird klüger als die Broschüre, die ihn klug macht, origineller als der Agitator, der ihn aufklärt, künstlerischer als der Dichter, der ihn besingt, wahrhaft revolutionärer als die Phrase aus dem Manifest. Heute leben die wirklich revolutionären Menschen im Dorf. In der Stadt ist der Heros dem Bürokraten gewichen, der den Beschluß der XIII. Parteikonferenz memorieren kann und die Aufnahmeprüfung in den Kommunismus mit 1a bestanden hat.

Freilich klagt der Bauer (wenn er nicht zur alten Garde der Feigen gehört) vernehmlich über die «schlechte Lage», über Steuern, falsche Versprechungen, über Traktoren, die nicht ankommen und andere, die verrosten, über wirkliche oder angebliche Ungerechtigkeiten. Aber es gibt gewiß in der ganzen Welt kein Dorf, in der ganzen Geschichte der Menschheit kein Jahr, in denen der Bauer nicht etwa geklagt hätte. Der russische Bauer weiß, was er der Revolution zu verdanken hat. Noch gedenkt er der Stockstreiche, der zaristischen Polizei, der Spitzeln, der Armee, der Pächter, der Besitzer. Noch ist der «Kulak» da, eine ständige Gefahr, die revolutionär erhält, der Kulak, dessen Furchtsamkeit immer geringer wird und der von einer diplomatischen, ausweichenden, nicht zu fassenden, schlauen Bedrohlichkeit ist.

Der großen Masse der russischen Bauern ist das selbstverständliche Gefühl, daß die Regierung Blut von ihrem Blut ist, trotzdem immer noch fremd. Sie ist dazu erzogen, in der Regierung etwas Fremdes, «oben» Befindliches zu sehen. Manchem Theoretiker der russischen Politik fehlt auch das Verständnis für die besondere Psychologie des Bauern. Es kann sein, daß die fortschreitende Aufklärung auch im Dorf die Banalität erzeugt, die in den Städten schon ausgebrochen ist. Aber heute noch sieht man auf dem Lande das schöne Schauspiel: wie aus Knechten Menschen werden.

Vierzehnter Teil der Serie «Reise in Rußland», Frankfurter Zeitung, 12. Dezember 1926

Öffentliche Meinung, Zeitungen, Zensur.

Es gehört zum Wesen einer reaktionären Diktatur (etwa Mussolini), daß sie in der Hauptsache «verbietet». Es gehört zum Wesen der proletarischen Diktatur in Rußland, daß sie (heute schon) mehr diktiert als verbietet, mehr erzieht als bestraft, eher prophylaktisch als polizeilich wirkt. Deshalb – und weil überhaupt in Rußland vor der Revolution eine breite öffentliche Meinung nicht bestanden hat – hemmt die kommunistische Zensur in diesem Lande vielleicht den Gelehrten[,] den Künstler, den Philosophen, den Schriftsteller: dafür erzieht sie die Massen überhaupt erst zu der praktischen Anwendung einer Meinung. Die Zeitung steht im Dienst der Zensur: nicht dadurch, daß sie die Wahrheit unterdrückt, sondern dadurch[,] daß sie den Willen der Zensur propagiert. Den Willen der Zensur: das heißt den Willen der Regierung. Die Zeitung wird das Organ der Zensur, weil sie das Organ der Regierung ist. Der Zensor selbst könnte sie redigieren. Infolgedessen hat sie auch eine gewisse Freiheit der Meinungs-Äußerung. Zensor und Journalist stehen (wirklich oder angeblich) auf dem Boden derselben Weltanschauung. Sie verstoßen zumindest nicht gegen die Staatsreligion, die in diesem Staat der Atheisten: kommunistische Ideologie heißt. Wer sich zu dieser bekennt oder ihr mindestens sympathisierend gegenübersteht, hat ein Recht zur Kritik, die allerdings niemals den Rahmen sprengen darf. Und sie sprengt niemals den Rahmen. Weshalb?

Man sehe sich einmal die vielen Zuschriften aus dem Publikum an die russischen Zeitungen an. Diese öffnen bereitwillig, höchst erfreut ihre Spalten der Kritik. In keinem Lande der Welt wird so viel öffentlich kritisiert. Es wird sogar scharf kritisiert. Man spart nicht mit Vorwürfen und Angriffen, Anprangerungen und öffentlichen Anklagen. Und dennoch wird diese Schärfe niemals staatsgefährlich, niemals der Staatsideologie gefährlich. Warum? Weil der Staat, weil die Zensur, weil ihre Organe: die Zeitungen die Massen zur Kritik erziehen und selbst die Losungen ausgeben, gewissermaßen die Leitmotive der öffentlichen Meinung für die nächsten paar Monate. Es ist ein geistiger, sehr kluger, sehr staatspolitischer Angelsport. Von oben wird der Haken mit den fetten «Mißständen» ausgeworfen und die kritik-hungrigen Massen schnappen danach. Es scheint mir, daß die Sowjetregierung die einzige ist, welche die Kritik als einen Naturtrieb des Menschen und der Massen erkannt hat. Sie beeilt sich, ihn sich dienstbar zu machen, indem sie ihn selbst pflegt und leitet. Ihre Methode ist – auch vom historisch objektiven Standpunkt aus – deshalb gerechtfertigt, weil die russischen Massen heute noch eine solche Aufsicht brauchen; weil sie ohne diese Leitung von oben noch lange nicht eine «öffentliche Meinung» zu bilden begonnen hätten. Überflüssig zu sagen, daß dieser kluge Ausweg auch ein glänzendes Propagandamittel für den Sowjetstaat ist, daß man jeden Vorwurf einer Unterdrückung der Kritik durch einen einfachen Hinweis auf die Zeitungen widerlegen kann.

Man muß schon in Rußland leben und die (sehr seltene) mündliche, private Kritik der Einzelnen gehört haben, um zu erkennen, wodurch sich die offen sichtbare, die gedruckte öffentliche Meinung von der Meinungsfreiheit eines kulturelleren Landes unterscheidet. Die öffentliche, laute, staatstreue Kritik ist eine Kritik der Parolen, der Losungen, der Schlagworte. Die erkennbare «öffentliche Meinung» im heutigen Rußland ist die gewaltige Summe (nicht die Potenz) addierter Echos auf eine den Massen zugerufene Formulierung. Der geübte Hörer erkennt am Echo den Rufer. Der Rufer steht oben.

Daher die auffällige Häufigkeit druckreifer, beinahe schon typographisch durchdachter, fix und fertiger Definitionen der «öffentlichen Mißstände». Alle paar Monate gibt es eine andere Definition. Man kehrt die natürliche Entwicklung um[,] während bei uns, in allen westlichen Ländern, zuerst die Kritik sich regt, dann sich häuft und schließlich in einer schlagenden Formulierung ihre gesammelte Kraft vereinigt und mit ihr vorstößt – ist in Sowjetrußland zuerst das Schlagwort da, dann häuft es sich, dann wandelt es unter die Massen und weckt schließlich und zuletzt die Kritik.

Wir sehen also in Rußland das primitive Anfangsstadium einer öffentlichen Meinung, die von oben gelehrt und genährt wird. Je nach Zeit und Bedürfnis lauten die Losungen: Verachtet die Verräter! Schmarotzer hinaus! Krieg den Chuliganen! An den Pranger mit den Bestochenen! Tod der Anarchie! – – Dabei unterstützt die starke Neigung der kommunistischen Theoretiker zur populären Formulierung diese Methode des Meinungs-Diktats. Aus Lenins Schriften allein lassen sich unzählige akustisch wirksame Parolen herausklauben. Man wirft sie auf die Filmleinwand, in die Spalten der Zeitungen, auf Plakate. «Die Industrialisierung ist die Grundlage des sozialistischen Staates.» «Wir bauen den Sozialismus.» Diese und andere Sätze wiederholen sich fortwährend, Resolutionen wandeln sie ab, schaffen neue, auf Parteitagen werden Invokationen geboren. Allmählich setzt sich die Losung im Gehirn fest und ersetzt das Argument. Es entsteht eine Uniformität – nicht so sehr der Gesinnung, wie der Betrachtungsweise. Ich habe es in hundert Diskussionen mit jungen Menschen, Arbeitern, Studenten, Beamten, sogar obdachlosen Kindern (die ja bestimmt keine Broschüren lesen) erlebt, daß mir die verschiedensten Individuen, Berufe, Naturen, Gemüter, daß mir Melancholiker, Sanguiniker, daß mir Proleten und Kleinbürger, Begabte, Dumme und Klügere, daß mir alle diese Menschen wörtlich dasselbe auf meine Einwände erwiderten, so, daß ich schon nach den ersten Antworten den ganzen Verlauf der Unterredung auswendig wußte. Manchmal hörte ich wörtliche Wiederholungen aus einem jüngst erschienenen Zeitungsartikel. Ich habe mich deshalb allmählich daran gewöhnt, die Menschen in Rußland nicht nach ihrer geistigen Qualität einzuschätzen, sondern nach den Quellen ihrer Argumentationen. Das ist auch heute charakteristischer als etwa individuelle Begabungs-Unterschiede. Es entsteht eine allgemeine Nivellierung, eine höchst einfache psychologische Landschaft mit ein paar deutlichen Orientierungstafeln. Es gibt eine offizielle Gesinnung und eine approbierte Dialektik, die es auch dem weniger Klugen gestatten, auf komplizierte Fragen zwar nicht treffend aber doch allgemein zu antworten. Und wer noch nicht gelernt hat, Argument von Rhetorik und eine Kehle von einem Grammophon zu unterscheiden, ist von der Schlagfertigkeit des Durchschnitts verblüfft.

Je mehr man die Zeitungen liest, desto größer wird der Respekt vor dieser gewaltigen Mobilisierung der Federn, der

Schreibmaschinen, der Zitate und vor der Mechanisierung der Gehirne. Nicht journalistische Fachleute machen die Zeitungen, sondern gute zuverlässige Handhaber und Handlanger der Ideologie. Das was man «journalistische Kleinarbeit» nennt, was das eigentliche Gerüst der Zeitung ist, der Bericht des Tages und sein Spiegelbild, die nackte dramatische Fabel des Lebens: das ist in den russischen Blättern primitiv, dilettantisch, unbeholfen. Von den sechs Seiten einer Zeitung sind meist drei für Resolutionen, Konferenz- und Versammlungs-Berichte bestimmt. An den Tagen der Parteikonferenz bleibt kaum eine Seite für wichtige politische und andere Nachrichten aus dem Auslande. Dazu kommen obligatorische Artikel – auch wenn sie unaktuell und unwichtig sind – aus der Feder dieser oder jener Parteigröße, die gedruckt werden müssen. Es gibt dafür Artikel, die nicht geschrieben werden dürfen – wie zum Beispiel die des einzigen bedeutenden Journalisten der Partei: Karl Radek. Über den großen Brand in einer der größten Moskauer staatlichen Kinofabriken berichten Moskauer Blätter anderthalb Tage später. Es ist nicht die Geringschätzung des «Ereignisses», die eine solche Unterlassung zu einer journalistischen Pflichtverletzung stempelt, sondern die gewaltige Unterschätzung des wirklichen, täglichen, blutvollen Lebens, die sich in der Gleichgültigkeit gegenüber dem Tag äußert und die gewaltige Überschätzung der rhetorischen, beinahe schon geschwätzigen, phrasenreichen und billigen Konferenzen-Didaktik, der blutleeren «Debatte», die sich obendrein noch einbildet, lebendig zu sein, weil sie von Daten, Zahlen und Fakten ausgeht. Man geht in einen Saal, schließt die Fensterläden, zündet Licht an, nimmt Berichte zur Hand, paßt ihren Inhalt der Theorie an, oder (je nachdem) die

Theorie dem Inhalt des Berichts und glaubt, mitten im Tag zu stehn, indes draußen, an den geschlossenen Fenstern vorbei der lebendige Tag abrollt. Und die Zeitung berichtet, was in den Zimmern vorging.

Man achtet dabei sehr scharf auf die Einhaltung der «Authentizität». Man hat alles aus der sogenannten «ersten Hand». In den Fabriken gibt es Arbeiterkorrespondenten, in den Dörfern Dorfkorrespondenten, in den Schulen Schülerkorrespondenten. Der Leser macht gewissermaßen seine Zeitung selbst. Die «Zuschrift aus dem Publikum», der «Bericht des zufälligen Augenzeugen» werden in den Rang der sachverständigen Berichterstattung erhoben. Jeder sein eigener Journalist. Diese Erziehung zur lebendigen Mitarbeit an der Zeitung ist von enormer Wichtigkeit, und aus dem Experiment, das Sowjetrußland zum ersten Mal macht, wird einmal die Presse aller Länder zu lernen haben. Aber die Sowjetpresse gibt sich mit dieser privaten Authentizität zufrieden, und deshalb ist ihr «Zeitungsbericht» nicht mehr wert als eine primitive «Zeugenaussage». Das System der Leser-Korrespondenten verführt zu der falschen Überzeugung der Redaktion und auch der leitenden Politik, daß sie über alles gut unterrichtet seien. Woher diese Kenntnis? Der Leser (der Rab-Korr., der Sel-Korr. usw.) hat es ja selbst gesagt! Weiß diese junge Presse, weiß diese junge Regierung noch nicht, daß man zur Spiegelung des Lebens der Spiegel bedarf? Daß man aber keineswegs einen beliebigen Gegenstand, eine Teekanne oder eine Hacke oder ein Fleischmesser als Spiegel verwenden kann? Es ist eine physische Unmöglichkeit, sich selbst zu photographieren, das Objekt kann sich nicht durch die Linse betrachten. Deshalb gibt es in den russischen Blättern fast lauter richtige Tatsachen und fast lauter falsche Berichte; Geständnisse und keine Aufklärung; Angaben und keine Bilder. Deshalb weiß der ausländische Journalist, der die Augen aufmacht, von Rußland mehr als sein einheimischer Kollege.

Der ausländische Journalist (wie jeder Ausländer) ist übrigens Gegenstand der besonderen Aufmerksamkeit der russischen Presse. Ein Interviewer kommt. Welche Wichtigkeit! Ein Ausländer ist da! Man macht sich ein bißchen Amerika vor. Die meisten Ausländer fühlen sich gewaltig geschmeichelt. Der bourgeoise Vizedirektor einer westeuropäischen Sparkasse, zu Hause nichts mehr als ein braver Kartenspieler am Stammtisch, sieht sich im Lande der größten Revolution fett gedruckt. Er ist angekommen. Er wird eingeladen, Vorträge über Sparkassenbücher zu halten. Am nächsten Tag steht's in der Zeitung. Er bekommt eine Extra-Karte zur Besichtigung des Kreml. Am nächsten Tag kann man lesen, daß er im Kreml war. Einer der Führer der deutschnationalen Partei – bei uns nichts mehr als ein geachteter Parlamentarier und ein anständiger Professor – bekommt in Rußland einen Extra-Ehrenabend mit Bier – das wohl als ein besonderer symbolischer Respektshinweis auf den deutsch-nationalen Gedanken ist. Ja auch zu mir, der ich doch selbst gewissermaßen «interviewen» kam, gelangten Interviewer und sie brachten dem staunenden Rußland die Kunde, daß ein Herr Joseph Roth angekommen sei – obwohl der ausdrücklich bemerkte, er sei kein Konservativer und habe gar keine Beziehungen zur deutschnationalen Partei! …

Man sieht, was der russischen Presse fehlt: die Unabhängigkeit von der Regierung, die Abhängigkeit vom Leser und die Kenntnis der Welt. Die Rücksicht auf den Leser macht die Journalistik fruchtbar. Die Rücksicht auf die Zensur macht die Presse steril. Die voraussetzungslose, das heißt nicht: gesinnungslose Betrachtung der Welt macht einen Artikel lebendig und anschaulich. Die ideologisch gebundene Betrachtung der Welt verursacht provinzielle, kleinliche und außerdem falsche Berichte. «Provinziell» ist nicht etwa ein geographischer Begriff, sondern ein geistiger. Es ist gleichgültig, ob die Fessel enger Verhältnisse oder die eines starren Prinzips den Horizont einschränken. Und es ist auch vom Standpunkt der Sowjetpresse praktischer, die bürgerliche Welt zu kennen, gegen die man kämpft, und nicht in Entzücken zu geraten, wenn einmal ein Herr aus dem Jenseits in Moskau landet. Und man lernt nicht die Welt kennen, indem man einen Berg besteigt und sie von einem Standpunkt aus betrachtet, sondern im Gehen, indem man sie durchwandert. In Sowjetrußland aber sieht man die Welt von dem Turm aus, den die gesammelten und aufgestapelten Schriften von Marx, Lenin und Bucharin bilden …

Sechzehnter Teil der Serie «Reise in Rußland», Frankfurter Zeitung, 28. Dezember 1926

Der Liebe Gott in Rußland.

Der liebe Gott geht incognito durch die Straßen des russischen Landes, aller lästigen Aufgaben ledig, die ihm die alte Staats-Religion aufzuerlegen sich vermessen hatte, mit der gesetzlichen Verpflichtung ausgestattet, sich um die Politik nicht zu kümmern, von den Staatsmännern als eine Art unfähiger Konkurrenz gar nicht als existent betrachtet. In seinem Namen macht man keine Pogrome mehr, in seinem Namen vereidigt man keine Soldaten mehr. Polizeiliche Maßnahmen irdischer Natur braucht er nicht mehr zu ergreifen. Gott hat Ferien.

Für Donner, Blitz und Hagel macht man ihn nicht verantwortlich. Den irdischen Begriffen von Recht und Unrecht braucht er sich nicht mehr anzupassen. Zum Schutz der Großen leiht er nicht mehr seinen Namen her, den Kirchenglocken hört er mit halbem Ohr zu, die Ehen schließt er nicht mehr im Himmel, – zur Sicherheit lösen die Menschen sie doch im Standesamt. Der liebe Gott lebt noch in veralteten Redewendungen, in erschrockenen Ausrufen weiblicher Wesen, in Beteuerungen lügender Nep-Männer, in allerhand gedankenlos ausgesprochenen Schwüren, die vor Gericht nicht gelten würden, Gott ist eine bedeutungslose Invocation.

Den größten Teil seiner Funktionen hat die kommunistische Partei übernommen und auf mehrere kleine Götter aufgeteilt. Souverän geht der Mensch auf seiner Erde umher, alles kann ihm zustoßen, aber nichts kann ihm noch passieren. Die Talente der Allsichtigkeit und des Allwissens hat die Staatspolizei geerbt. Gott kann sich nur noch seinen unerforschlichen Ratschlüssen widmen, er wurde beschränkt auf die Verwaltung der Unermeßlichkeit und die Erhaltung des Ewigen. Die Regierung über das Vergängliche aber liegt nicht mehr in seinen Händen. So oft er noch etwas in Rußland zu sagen hat, gesteht er aufrichtig, daß er froh ist.

«Sagen Sie mir» – fragte mich ein Mann –, «wie kann ein gebildeter Mensch an Gott glauben?» – «Wir sind mit Stolz und Absicht Atheisten,» sagte mir ein hoher Beamter des Staates. «Dieser Onkel glaubt noch an Gott!», so stellte mich eine Mutter ihrem zwölfjährigen Kinde vor. Sie besaß ein Grammophon, und in stillen Abendstunden lauschte sie den Klängen eines Walzers von Strauß. «Der Himmel ist blaue Luft,» sagte das Kind. «Wo soll Gott sitzen?» «Gott lag vor uns auf den Knien, als er zu uns um ‹Java› (eine Zigarettensorte) flehte,» – dichtet ein moderner Lyriker, der die Zigaretten besingt. «Als Lenin starb,» so berichtete mir ein bigotter Kommunist, «ging ich gar nicht hin, die Leiche sehen. Ich verehre keinen Toten, ich überlasse es den Gläubigen.» – «Wir erziehen den Menschen zur Selbständigkeit,» sagte ein Arbeiter, «deshalb haben wir Gott vertrieben.» – «Wir bauen eine elektrische Bahn. Sie können sie sehen,» sagte mir ein Ingenieur in Baku. «Hat uns Gott je eine Bahn gebaut?» Der Mensch glaubt, was er sieht, hört und riecht. Gott ist, wo er in der Literatur vorkommt, eine *licentia poetica,* bei Dostojewski zum Beispiel eine direkte Folge epileptischer Veranlagung.

Was hat Gott noch zu tun? Er geht spazieren, unerkannt, ein alter Herr, ausländisch gekleidet. Ein Berichterstatter begegnet ihm in einer stillen Straße, nach einem Regen, das schadhafte Pflaster ist naß und voller Pfützen. Ein abendlicher Regenbogen wölbt sich im Osten. Die Sonne geht im Westen unter.

«Ich war heute im ‹Institut für die kulturelle Verbindung mit dem Auslande›[»,] sagt Gott. «Sie haben Mich herumgeführt. Ich sollte den Kreml sehen, man zeigte Mir ausgeräumte Kirchen. Ein englischer Dolmetsch übersetzte Mir alles. Ich interessierte Mich nicht für Baustile und Sarkophage toter Zaren. Ich muß den Leuten sehr komisch erschienen sein. Eine Fliege summte, eine grüne, spanische Fliege summte in einem Zimmer. ‹Übersetzen Sie Mir›, sagte Ich zum Dolmetscher, ‹was die Fliege sagt›. – ‹Blöder Amerikaner›, sagte der Dolmetscher auf russisch zu dem Führer; und zu Mir: ‹Die Wissenschaft ist bei uns noch nicht so weit. Die Sprache der Fliegen kennen wir nicht›. Auf dem Schnurrbart des Führers hing ein Brotkrümchen. ‹Sie kommen aber vom Frühstück,› sagte Ich. Der Dolmetscher übersetzte es. Wissen Sie: Ich habe Mich immer für die ganz kleinen Sachen interessiert. Man zeigte Mir das Mausoleum Lenins, aber vor dem Eingang lag ein verrosteter Nagel. Ich hob ihn auf, fragte: ‹Was glauben Sie, woher mag dieser Nagel kommen?› Und sie wußten nicht, was Mir zu sagen. Ich trete in eine Kirche, gebe den Bettlern ein Almosen, um nicht aufzufallen. Die Gläubigen singen ganz hübsch. Der Pope hat einen tiefen, schönen Baß. Ich sehe den Fuß eines knienden Mannes und ein Loch in einer Schuhsohle. ‹Wo hat er sich das Loch ausgetreten?› frage ich meinen Begleiter. Er weiß es nicht.

Er weiß, wie der Blitz entsteht, aber Ich habe es ja niemals verheimlicht. Sehen Sie, die kleinen Dinge aber wissen die Menschen immer noch nicht, obwohl sie nicht mehr an Mich glauben. Bei Mir, Sie werden kaum glauben, wie froh Ich bin, aus diesem Komplex von Staat, Regierung, Industrie, Politik entlassen zu sein. Man mutet Mir nicht mehr zu, für die Gesundheit der Oberhäupter zu sorgen, für die Moral der Kinder, für die Koalition zwischen Generälen und Chemie. Ich segne keine Gasmasken, sogar die Weißgardisten haben eingesehn, daß Ich ihnen nicht mehr helfen werde. Ich wohne im ‹Savoy›, zahle zwanzig Rubel täglich und lasse Mich verleugnen. Jetzt gehe Ich in das Theater Meyerholds, man gibt dort ein Stück, in dem Ich gelästert werde. Ich brauche ja nicht mehr zu strafen, Sie glauben gar nicht, welch ein schöner Abend es wird!»

Es wurde Abend, Gott rief einen Iswoschtschik und handelte lange. «Wieviel Knoten hat Deine Peitsche?» fragte Gott. «Herr, ich kann nicht solche Kleinigkeiten zählen,» sagte der Kutscher. «Gott allein weiß es, Herr.»

Der Berichterstatter ging und schrieb in sein Tagebuch: «Heute sprach ich mit dem lieben Gott. Er lebt in Rußland, wie Gott in Frankreich.»

Frankfurter Zeitung, 20. Februar 1927

NACHWORT

Die rote Desillusionierung

Von Jan Bürger

«Wenn ich ein Buch über Rußland schreiben würde», überlegte sich Joseph Roth am 10. Oktober 1926, «so müßte es die erloschene Revolution darstellen, einen Brand, der ausglüht, glimmende Überreste und sehr viel Feuerwehr.»[1] Die Notiz stammt aus Kiew. Gerade einmal neun Jahre waren damals vergangen seit dem radikalsten politischen Neuanfang der Moderne, und schon sah Roth die Sowjetunion am Rand des Ruins, wirtschaftlich sowieso, aber auch geistig, intellektuell, ideell.

Im Hochsommer 1926 war der in Brody – auf dem Gebiet der heutigen Ukraine – geborene Autor im Auftrag der renommierten *Frankfurter Zeitung* voller Erwartungen in den Osten aufgebrochen, und bereits im Oktober hatte er all seine Illusionen verloren. Walter Benjamin zufolge, der Roth Mitte Dezember 1926 in Moskau aufsuchte, war dessen Gesicht mittlerweile «von vielen Falten durchzogen». Roth sei «als (beinah) überzeugter Bolschewik nach Rußland gekommen» – und nun, zu Jahresende, kehre er als «Royalist» in den Westen zurück.[2] Auch wenn diese Worte von Missgunst genährt wurden (die beiden Autoren mochten sich nicht), machen sie doch deutlich, dass Roth sich in der Konfrontation mit dem Sowjetstaat verändert hatte. Die Abwertung des Individuellen gegenüber dem Durchschnitt, der Pragmatismus in allen menschlichen Beziehungen, das Lustfeindliche und die Substitution des Religiösen durch einen vulgären Biologismus hatten ihn schockiert. Hinzu kamen die Neue Ökonomische Politik und die brutalen Machtkämpfe im Kreml mit ihren unabsehbaren Folgen. Doch was ist aus dem Buch geworden, über das er in Kiew nachgedacht hatte?

Eine eigenständige Sammlung seiner Versuche über Russland hat Roth zu Lebzeiten nicht veröffentlicht. Für eine umfassende Bestandsaufnahme wie jene des heute vergessenen René Fülöp-Miller, der 1926 seine monumentale Monographie *Geist und Gesicht des Bolschewismus* herausgab, fehlte ihm der enzyklopädische Ehrgeiz. Aber auch nach einem gut verkäuflichen Band wie *Zaren, Popen, Bolschewiken*, an dem Egon Erwin Kisch zur gleichen Zeit arbeitete, stand ihm nicht der Sinn. Im Gegenteil, Roth hielt es für dringend nötig, sich von den Berichten des «rasenden Reporters» und anderer Prominenter zu distanzieren, die das neue Russland vor ihm beschrieben hatten. In Deutschland mache man sich grundsätzlich falsche Vorstellungen von dessen Wirklichkeit, schrieb er den Redakteuren der *Frankfurter Zeitung* am 26. September 1926. Es sei, «als wenn man mit Fliegenaugen eine menschliche Wohnstätte» betrachte. Der grundsätzliche Fehler bestehe darin, dass über die Sowjetunion bislang nur politisch nachgedacht würde, während für die Bevölkerung des Landes die Regierung in Moskau scheinbar keine Rolle spiele.[3]

Das unmittelbar greifbare Resultat der Expedition in den Osten, die Roth über Warschau nach Leningrad, Moskau und von dort aus über Nischni Nowgorod die Wolga hinab über Samara, Stalingrad und Astrachan bis nach Odessa, Baku und Kiew geführt hatte, war seine Serie *Reise in Rußland*, die bis Januar 1927 in der *Frankfurter Zeitung* erschien. Der Alltag der nachrevolutionären Ära wird durch sie ungewöhnlich plastisch, und aus heutiger Sicht ist es erschütternd, wie viele der von Roth beschriebenen Schwierigkeiten nach wie vor oder wieder akut sind, etwa die für Außenstehende kaum nachvollziehbaren ethnischen Konflikte, das Fehlen einer freien Presse und die eklatanten Bildungsunterschiede. Doch die 17 großen Reportagen sollten nur der Anfang sein. Die Sowjetunion, Galizien und Polen hörten nicht mehr auf, Roth zu beschäftigen. International berühmt wurde er zwar mit dem Jahrhundert-Roman *Radetzkymarsch* von 1932 als später Chronist der österreichisch-ungarischen Doppelmonarchie. Aber auch die Vergangenheit und die Gegenwart Russlands und der Ukraine blieben für ihn ein Thema von überragender Bedeutung.

Dies hing nicht zuletzt damit zusammen, dass Roth in der Oktoberrevolution anfangs ein Versprechen auf eine bessere, gerechtere, würdigere Zukunft gesehen hatte, trotz aller Vorbehalte gegenüber Massengesellschaften jeglicher Art. War die Sowjetunion denn nicht eine echte, vielleicht die einzige Alternative zur alles nivellierenden und zersetzenden Industrialisierung amerikanischen Zuschnitts, zu den Schlachthöfen Chicagos und den sozialen Verwerfungen in den atemberaubend schnell wachsenden Metropolen der Neuen Welt und Westeuropas?

Bei alledem lag es Roth von Anfang an fern, Russland zu idealisieren. Dazu waren ihm dessen irritierende Vielfalt und immense Probleme viel zu vertraut. Schließlich bildete Roths galizische Kindheit zwischen den Sprachen, Nationen und Religionen gewissermaßen den Untergrund seines Denkens, seines Schreibens, wenn nicht gar seiner Existenz. Die Nähe zu Polen und der Ukraine machte er bereits 1920 als sehr junger Journalist zu seinem Thema, allen voran die Situation der «Ostjuden» in Berlin, die in den Westen flohen und durch die Angst vor Pogromen «zu einer Lawine aus Unglück und Schmutz» zusammengeschweißt wurden.[4]

Reisen gen Osten waren für Roth immer auch eine Form der Selbsterkundung. Von daher überrascht es nicht, dass viele seiner Erzählungen und Romane zumindest teilweise in Osteuropa spielen. Das prominenteste Beispiel ist *Hiob* von 1930, noch charakteristischer sind allerdings zwei weniger bekannte Romane: *Die Flucht ohne Ende*, ein Buch, das auf der Russland-Reise von 1926 Gestalt annahm, und *Tarabas. Ein Gast auf dieser Erde*, ein Jahr nach Hitlers Machtübernahme und der öffentlichen Verbrennung von Roths Büchern im Amsterdamer Querido Verlag erschienen.

Zusammen mit den Russland-Reportagen und dem großen Essay *Juden auf Wanderschaft* von 1927 markiert *Die Flucht ohne Ende* am deutlichsten, wie einschneidend das Bolschewismus-Erlebnis für Roth gewesen sein muss. Voller Ironie lehnte er sich mit dem Roman an den zeittypischen Stil der ‹Neuen Sachlichkeit› an, um einen Menschen zu porträtieren, der durch die Folgen des Weltkriegs alle traditionellen Bindungen verliert, um dann mit geradezu maschineller Präzision in allen gesellschaftlichen Kontexten und vermeintlich gegensätzlichen politischen Systemen sehr erfolgreich zu agieren, besonders in der Sowjetunion, bis er sich schließlich mit dem Gefühl der vollkommenen

Nutzlosigkeit in Paris wiederfindet. Stilistisch wirkt der protokollartige Roman fast wie ein Gegenentwurf zu Roths Reportagen für die *Frankfurter Zeitung*, mit denen er seinen Journalismus konsequent zu einer poetischen, bilderreichen, ja opulenten Schreibweise weiterentwickelte.

Betrachtet man Roths Arbeiten dieser Jahre als eine Gesamtheit, wird deutlich, dass er zwischen Journalismus und Dichtung grundsätzlich nicht unterschieden hat: Die Qualität jedes Textes bewies sich für ihn durch die Originalität seines Gegenstands, die Nachvollziehbarkeit der Darstellung und die Präzision des sprachlichen Ausdrucks. An eine Reportage stellte er dieselben Ansprüche wie an einen Roman, und das machte ihn bei aller Produktivität für Tageszeitungen letztlich zu einem unsicheren Kantonisten. Im seltensten Fall recherchierte Roth zielgerichtet, vielmehr hielt er die umfassende Einfühlung für eine der wichtigsten Voraussetzungen seines Schreibens. Einerseits bewahrte dies seine Reportagen vor der Eindimensionalität und Kurzlebigkeit üblicher Zeitungsartikel, andererseits stellte ihn seine Arbeitsweise vor praktische Probleme: Er kam so langsam voran, dass seine Reisen immer kostspieliger wurden.

1926 gestand er den Redakteuren der *Frankfurter Zeitung* fast zwei Monate nach Ankunft in der Sowjetunion, dass er bis dahin noch gar nichts habe schreiben können. Dies habe mit der Überfülle und Intensität der neuen Eindrücke zu tun: «Wenn man auf einen andern *Stern* käme, könnte es nicht fremder und merkwürdiger sein.»[5] Dass das Nachdenken über Russland die literarisch erfolgreichste Phase seines Lebens einleiten sollte, jene Jahre, in denen er neben Bertolt Brecht, Lion Feuchtwanger und Heinrich Mann zu einem der wichtigsten Autoren des

Gustav Kiepenheuer Verlags avancierte, konnte Roth zu diesem Zeitpunkt noch nicht ahnen.

Genauso wenig konnte er mit den politischen Ereignissen des Jahres 1933 und deren fatalen Folgen für sein eigenes Leben rechnen. Der 1934 im Exil vollendete *Tarabas,* gewissermaßen sein zweiter Russland-Roman, ist ein Werk der Verzweiflung, ein Buch, das Roth selbst bald für missglückt hielt, obwohl er in ihm auf erschütternde Weise das Leben in politischen Ausnahmezuständen dargestellt hatte. Eindrucksvoll zeigt *Tarabas* die Erosion der herkömmlichen Vorstellungen von Individualität und Zeit. Erzählt wird von Machtkämpfen, Inflation und der Einführung einer Währung, von Hungersnot, Lebensmittelzuteilungen und dem Aufbau eines neuen Staates. Die größte, nahezu visionäre Leistung des Romans besteht aber darin, dass Roth bereits 1933 den Ersten Weltkrieg als Blaupause für einen kommenden Krieg betrachtete. Die ‹Diktatur des Proletariats› diente ihm sozusagen als ein Modell für das, was er vom Nationalsozialismus befürchtete – vom fatalen Militarismus über die Abschaffung der Meinungsfreiheit bis hin zu Judenpogromen. Auch dies wäre ohne Roths lange Reise in der zweiten Hälfte des Jahres 1926 kaum vorstellbar gewesen.

Sosehr seine Reportagen auf die großen Entwürfe der dreißiger Jahre vorausweisen, so deutlich zeigte er sich schon mit ihnen als ein überragender Schilderer der gesellschaftlichen Umwälzungen im Europa der Zwischenkriegszeit. Die größte Aufmerksamkeit widmete er dabei jenen vermeintlich veralteten Lebensweisen, die nur noch in Nischen möglich waren. Einerseits berichtete er über die alte, geschlagene Bourgeoisie, welche die Revolution dann doch irgendwie überstanden hatte, andererseits über die Bevölkerung in abgelegenen Provinzen, die von dem Modernisierungsschub, den die Partei forcierte und als ihr eigenes Verdienst pries, gerade erst ergriffen wurden.

Zugleich fasste Roth den unaufhaltbaren Siegeszug der Elektrizität, der Zeitungen, Schreibmaschinen, Telefone und des Kinos ins Auge und begeisterte sich für die Erfolge der Alphabetisierungsprojekte in allen Regionen des weiten Landes. Dies alles wiederum bildete für ihn einen irritierenden Gegensatz zu jenen vormodernen, im Verschwinden begriffenen Traditionen, die ihn auf seiner Reise literarisch am meisten herausforderten.

Besonders deutlich wird das durch Roths Beschreibung der Wolga-Stadt Astrachan, die einst durch Fischerei und den Handel mit Kaviar florierte, jedoch seit der Revolution vollkommen gesichtslos geworden war. Wie in so vielen rückständigen Landstrichen kündigt sich die Moderne auch hier mit dem Kino an, das für Lenin das metaphysische Medium schlechthin war. Doch sogar die Filmvorführungen sind in Astrachan eher trostlos als inspirierend: In einem Park wird eine Leinwand aufgespannt, unter freiem Himmel, und natürlich stinkt es unablässig nach Fisch. Noch schlimmer als der Fischgestank sind aber die Fliegen. In dicken Schwärmen sind sie buchstäblich überall, nichts bleibt von ihnen verschont. In Wahrheit dominierten sie die Astrachaner Fauna, nicht die Fische! Allein schon aufgrund dieser Plage sehne sich jeder nach Baku und ans Kaspische Meer. Aber die Schiffe kämen viel zu selten – ein Leben in der Warteschleife, im Windschatten der rasanten sozialistischen Industrialisierung, der Etablierung der Massengesellschaft und zugleich an der Grenze zum Orient.

Auf unerhörte Weise gelang es Roth immer wieder, sich dem

hoffnungslos Veralteten bewundernd, voller Sympathie, zuweilen auch nostalgisch zuzuwenden und zugleich dessen Schattenseiten hervorzuheben, das Bedrohliche, das von ihm ausging, das Fehlen von Zivilisation, das jederzeit in rohe Gewalt umschlagen konnte. Russland, das Gebiet der heutigen Ukraine, ja der gesamte europäische Osten wirkte auf ihn wie ein noch nie dagewesener gesellschaftlicher Experimentierraum, in dem die epochalen politischen, wissenschaftlichen und technischen Innovationen mit geradezu mittelalterlich anmutenden Lebensweisen konfrontiert und amalgamiert werden sollten. Auf dem Spiel standen für Roth dabei die letzten Hoffnungen, die er mit dem Projekt der Moderne verband.

Als er am 12. Oktober 1926 in Kiew notierte, er habe sich jetzt «endgültig vom Osten losgesagt», weil von diesem nichts Wesentliches mehr zu erwarten sei, verabschiedete er sich damit auch von fast allem, was er bis dahin für links und progressiv gehalten hatte. «Zwischen der französischen und der russischen Revolution ist ein Unterschied wie zwischen Voltaire und Bucharin, zwischen Katholizismus und Byzantinismus».[6]

Nicht einmal drei Jahre nach Lenins Tod war der Sozialismus für ihn gestorben. Früher, wenn er im sozialdemokratischen *Vorwärts* veröffentlichte, nannte er sich manchmal der «rote Joseph». Nun war dieses Pseudonym allenfalls noch ein schlechter Witz mit dem eigenen Namen. Künstlerisch hingegen erfand sich Roth in der Wiederbegegnung mit den Landschaften östlich von Lemberg noch einmal neu. Einher ging damit das Bekenntnis zu seiner jüdischen Herkunft, die er viel zu lange als Stigma empfunden hatte. Einen stringenten «Lebensplan» verfolgte er bei alledem nie, wie er in einem Brief an seinen Freund

und Verehrer Stefan Zweig eingestand.[7] Nur daran, dass er einer der besten Schriftsteller seiner Generation war, zweifelte er selten.

1 Roths Tagebuchaufzeichnungen aus Russland finden sich in der Joseph Bornstein Collection im Leo Baeck Institute, New York. Veröffentlicht wurden sie in: Joseph Roth, Werke 2, Das journalistische Werk 1924–1928, hg. von Klaus Westermann, Köln und Amsterdam 1990, S. 1007–1022; das Zitat steht hier auf S. 1018.

2 Walter Benjamin: Gesammelte Schriften VI, hg. von Rolf Tiedemann und Hermann Schweppenhäuser, Frankfurt a. M. 1985, S. 311f.

3 Dies teilte Roth Bernard von Brentano aus Odessa mit, zit. nach: Joseph Roth, Briefe 1911–1939, hg. von Hermann Kesten, Köln und Berlin 1970, S. 95.

4 Joseph Roth, Werke 1, Das journalistische Werk 1915–1923, hg. von Klaus Westermann, Köln und Amsterdam 1989, S. 384.

5 Roth, Briefe, wie Anm. 3, S. 93.

6 Roth, Werke 2, wie Anm. 1, S. 1019.

7 Brief vom 24. November 1932, zit. nach: Joseph Roth und Stefan Zweig, «Jede Freundschaft mit mir ist verderblich», Briefwechsel 1927–1938, hg. von Madeleine Rietra und Rainer-Joachim Siegel, Göttingen 2011, S. 85.

EDITORISCHE NOTIZ

Roths Reportagen sind zuerst in Zeitungen erschienen. Manuskripte zu den Texten der vorliegenden Edition, die als Druckvorlagen dienten, sind nicht überliefert. Deshalb folgen der Wortlaut und die Schreibweise – im Unterschied zur verdienstvollen dreibändigen Ausgabe des journalistischen Werkes von Joseph Roth (hg. von Klaus Westermann, Köln 1989–1991) – streng den Erstdrucken in der *Frankfurter Zeitung* und der *Neuen Berliner Zeitung – 12 Uhr Blatt*. Die Texte wurden für die vorliegende Ausgabe also in keiner Weise dem heutigen Sprachgebrauch angepasst.

Zuweilen ist Roths Rechtschreibung ungewöhnlich, dies gilt insbesondere für seine Zeichensetzung. So verwendet er Kommata in seinen Reportagen nicht selten rhythmisch, genau wie in seinen Erzählungen und Romanen. Regelwidrigkeiten in Orthografie und Interpunktion sowie ungebräuchliche Schreibungen von Eigennamen sollten daher nicht als Satzfehler angesehen werden, sondern als Ausdruck von Roths individuellen Schreibgewohnheiten. Hinzufügungen des Herausgebers stehen in eckigen Klammern. Lediglich Ae, Oe und Ue wurden zu Ä, Ö und Ü vereinheitlicht. Außerdem wurden fehlende Punkte stillschweigend ergänzt, wenn der folgende Satz mit einem Großbuchstaben beginnt.

Roths vom 14. September 1926 bis zum 18. Januar 1927 in der *Frankfurter Zeitung* veröffentlichte Serie *Reise in Rußland*, die zu seinen journalistischen Hauptwerken zählt, besteht insgesamt aus 17 Teilen, von denen hier zehn zum Abdruck kommen. *Der liebe Gott in Rußland* und *Leningrad* basieren ebenfalls auf Erfahrungen, die der Autor 1926 während seiner ausgedehnten Sowjetunion-Reise gemacht hat, sie wurden von ihm allerdings außerhalb der Serie publiziert.

DANKSAGUNG

Die Idee zur vorliegenden Auswahl entstand während eines Joseph-Roth-Seminars an der Vanderbilt University im Frühjahr 2014. Den teilnehmenden Studierenden und meiner Kollegin Prof. Dr. Meike G. Werner sei an dieser Stelle herzlich für anregende Gespräche und ein außergewöhnliches Gastsemester in Nashville, Tennessee, gedankt. Ferner möchte ich mich bei meinen Kolleginnen und Kollegen im Deutschen Literaturarchiv Marbach bedanken, das einen bedeutenden Teilnachlass von Joseph Roth aufbewahrt. Besonders danke ich Andreas Kozlik für seine Unterstützung bei der Suche nach Erstdrucken von Roths Reportagen und Hanna Vielberg, die mich während eines Praktikums mit philologischem Feingefühl bei der Textkonstitution unterstützt hat.

Jan Bürger, im September 2014

INHALT

I. NACHRICHTEN AUS DEM OSTEN

II. RUSSISCHE ANSICHTEN

III. SOWJETISCHE WIRKLICHKEIT